变通式沟通

冯磊◎编著

中国财富出版社有限公司

图书在版编目（CIP）数据

变通式沟通 / 冯磊编著 . -- 北京：中国财富出版社有限公司，2024. 11. -- ISBN 978-7-5047-8343-1

Ⅰ . C912.11-49

中国国家版本馆 CIP 数据核字第 2024UV6877 号

策划编辑 张彩霞	**责任编辑** 贾紫轩 陆 叙 宋水秀		**版权编辑** 李 洋	
责任印制 梁 凡	**责任校对** 张营营		**责任发行** 杨恩磊	

出版发行	中国财富出版社有限公司	
社 址	北京市丰台区南四环西路 188 号 5 区 20 楼	**邮政编码** 100070
电 话	010 - 52227588 转 2098（发行部）	010 - 52227588 转 321（总编室）
	010 - 52227566（24 小时读者服务）	010 - 52227588 转 305（质检部）
网 址	http://www.cfpress.com.cn	**排 版** 愚人码字
经 销	新华书店	**印 刷** 三河市腾飞印务有限公司
书 号	ISBN 978-7-5047-8343-1 / C · 0247	
开 本	710mm× 1000mm 1/16	**版 次** 2025 年 1 月第 1 版
印 张	10	**印 次** 2025 年 1 月第 1 次印刷
字 数	144 千字	**定 价** 49.80 元

前 言

　　相信在你的生活和工作中，一定有以下这种人：他们长相一般，能力一般，也没有高学历，更没有过硬的家庭背景，但是在他们的朋友圈里就是能如鱼得水，仿佛无论到哪里都能被人尊重、受人欢迎，他们总是能受到上司的器重、客户的关照，所以，他们比别人更容易成功。

　　其实，他们之所以能"混"得好，是因为掌握了沟通的技巧，他们说出的每句话都直击人心。而且，他们似乎总是能用语言引导别人，仿佛他们天生就能做到"呼风唤雨"。也许你敬佩或者不服气他们的成功，并在心中疑问，他们到底是怎样做到的呢？

　　其实，你也完全可以做到这一点。不过，要想让你说的话产生积极的作用，就要学会谋划、变通，因为任何沟通都是双向的，你可以设计自己说出的每一句话，但是无法保证对方会说什么、做什么。因此，即便你能滔滔不绝，但是你不善谋划、不善变通，你也未必能真正达到沟通的目的。

　　事实上，那些沟通高手不一定说得很多，但是，他们说过的每一句话都恰到好处。之所以那些"善说者"能将话说到点子上，是因为他们能够通过语言引导他人，影响他人的决策，了解对方所担心、顾虑的事情。

　　可见，要想掌握沟通的技巧，不但要训练自己的表达能力，更要开动脑筋，提升自己的变通能力，考虑好什么时机该说什么话，什么时机不该说什么话，或者该说多少话。

　　现在，也许你会说："我该如何提升自己的表达能力呢？"相信《变通式沟通》这本书就能帮你解决这一问题。

本书从实用的角度出发，全面系统地揭示了变通性思维在沟通中的运用。懂点沟通技巧，可以使你摆脱在沟通中无所适从的困境。这样，无论是在与陌生人的交往中，还是在社交应酬或商业谈判中，你都能够使用本书所提到的各种沟通技巧，畅通无阻地与人沟通。

当然，提高沟通能力并不是一朝一夕就能做到的，需要你长时间地认真练习。按照本书提供的方法进行训练，相信日后你会成为一个深谋远虑的沟通高手。

冯磊

2024 年 10 月

目 录

| 下篇 |

沟通之道，见机行事

第07章　出奇制胜：从固定的选择中跳出来

第08章　与人言善：中国式人情味的沟通技巧

第09章　树立心防：任何时候都要有警惕之心

第10章　求人有道：略施巧计轻松获取他人助力

第11章　拒人之道：委婉暗示令对方知难而退

第12章　应酬心机：自如应对令你满盘皆赢

上篇

沟通有术，技巧先行

第01章

多不如少：
字字千金，不说废话

　　所谓沟通，指的是人与人之间、人与群体之间思想与感情的传递和反馈的过程，以求达成思想一致和感情通畅。从沟通的定义中，我们看到，沟通一定要是双向的，这样一来一往，才能够算得上真正成功的交流。沟通并不是说得越多就越好，相反，真正会沟通的人往往注重对方的感受，能做到字字珠玑、言简意赅，不多说一句废话，因为他们深知这是一种语言的谋略：言多必失，说得越多，越容易出现漏洞；少说才能字字千金，掌控沟通局势，达到沟通目的。

言多必失，勿逞一时口舌之快

现代社会，人们的生活节奏越来越快，凡事都追求高效率，也就是"快"，但这并不适用于所有场合，比如说话。在人际沟通中，不经思考说出的话小则可能导致听者不快，大则招致祸端。逞一时口舌之快，可能导致后患无穷。

所以，我们在与人沟通的过程中一定要谨言慎行，开口前一定要考虑你说出的话可能带来的影响。

刘邦称帝后，韩信被刘邦封为楚王，不久，刘邦接到密告，说韩信接纳了项羽的旧部钟离昧，准备谋反。于是，他采用谋士陈平的计策，假称自己准备巡游云梦泽，要诸侯前往陈地相会。韩信知道后，来到陈地见刘邦，刘邦便下令将韩信逮捕，押回洛阳。回到洛阳后，刘邦知道韩信并没谋反的事，又想起他过去的战功，便把他贬为淮阴侯。

韩信心中十分不满，但也无可奈何。刘邦知道韩信的心思，有一天把韩信召进宫中闲谈，要他评论一下朝中各个将领的才能，韩信一一说了。当然，那些人韩信都不放在眼中。刘邦听了，便笑着问他："依你看来，我打仗能带多少人马？""陛下能带十万。"韩信回答。刘邦又问："那你呢？""对我来说，当然越多越好！"刘邦笑着说："你能带这么多兵，怎么会被我逮住呢？"韩信知道自己说错了话，忙掩饰说："陛下虽然带兵不多，但有驾驭将领的能力啊！"刘邦见韩信降为淮阴侯后仍这么狂妄，心中很不高兴。

后来，刘邦再次出征，刘邦的妻子吕后终于设计杀害了韩信。

倾尽全力追随刘邦打天下的韩信，也难免招来杀身之祸，他并没有明白"伴君如伴虎"的道理。树大招风，在与帝王交流时，不注意自己的表达方式，过于招摇，必然会给自己带来麻烦。

在生活中，我们也发现一些人，他们无论与谁沟通，都喜欢将自己的想法不假思索地表达出来，因为词不达意，他们常常让自己或交谈的对方陷入尴尬的境地。

其实，那些有话直说的人并没有什么坏心眼儿，多半因为心浮气躁又习惯指责他人，这些问题在年轻人身上似乎更为明显。他们做事冲动，说话往往不经过大脑，想到什么说什么，似乎在他们的世界里根本就没有"忍"字可言，尤其是当他们心中不悦的时候，容易见事骂事、见人骂人，排遣胸中的烦忧。可是，他们根本没有想到，当某些话脱口而出后，自己的情绪是宣泄了，而听者的感受如何呢？"说者无心，听者有意"，你的无心的话可能就引起了对方心中的不快。

👆 沟通技巧
GOU TONG JI QIAO

1 与人沟通一定要三思而后言

你说出心头的话以前，要先想一想：这话应该说吗？说出来别人的感受如何？如果答案是否定的，一定要控制自己的表达欲。

2 在不确定能说什么的情况下，一定要多听

扮演忠实的听众，不但能避免说错话的情况，还能赢得对方的好感。

有点"心机"，有时候看破别说破

生活中，当他人向你侃侃而谈，但你却发现其观点存在问题时，你是如何做的？当对方向你炫耀在单位人缘如何好、领导如何倚重他时，而就在刚才你还听到他同事对他的抱怨，此时的你，又是如何做的？如果你不顾对方颜面，指出了对方的错误，那么，他势必记恨你。面对这些，聪明的人往往会选择装糊涂，看破不说破，因为他们深知，人都是要面子的，给人留情面，才能赢得好人缘。

> 有一个5岁大的孩子，每次别人同时拿出5角钱和1元钱两种面值的硬币，让他去选，孩子都会选择5角钱的硬币。于是，大人们就觉得孩子"傻"，居然不知道1元钱比5角钱的面值大。
>
> 有一个外地人听说了这个小孩，他不相信真有这么"傻"的孩子。于是他找到了孩子，以同样的方式让孩子选择，结果孩子真的选择了5角钱硬币。
>
> 外地人觉得不可思议，他问孩子："难道你真的不知道1元钱比5角钱能买更多的东西吗？"
>
> 孩子小声地说："我当然知道了，但是如果我选择了1元钱，以后就没有人跟我玩这个游戏了。"

事实上小孩并不"傻"，甚至可以说聪明绝顶，他知道1元钱硬币比5角钱硬币金额大，但是他宁愿傻傻地选择5角钱硬币，因为他选择了5角钱硬币，就会有人不断地来测试他，所以他就能不断得到钱。如果他选择了1元钱硬币，那他得到的也仅仅是1元钱。这就是孩子的变通哲学。

的确，我们发现，那些看上去愚钝的人似乎更受人欢迎，人们也愿意跟他们说话，这是为什么呢？因为从心理学的角度看，人们认为，那些"笨"一点的人没有多少心眼儿，不会"算计"他人，因而人们更愿意相信他们。鉴于这一点，人际沟通中，要想得到他人的信任，也就不能表现得太过精明，而应该"装傻"，"装傻"是一种高境界的哲学，"装傻"并非真傻，而是大智若愚。

相反，那些精明、认真、爱较真儿的人，却往往吃不开。这一点，再次帮我们验证了"难得糊涂"确实是一剂人生"良药"。那么在沟通中，当他人出现了失误时，我们该如何做呢？很简单，要做到看破不说破，给他人面子。

很多时候，我们评价一个人"够不够朋友"，往往看他"会不会给我们留面子"。假如一个人能把"留面子"都做到了，在朋友们眼里，他就算是个很会做人的人了。这样的人，往往在人际交往中如鱼得水，而那些说话、做事不经过大脑的人，常常会因为一不小心伤了朋友的面子而失去朋友的帮助。

沟通技巧
GOU TONG JI QIAO

1 看破不说破

这不是让我们委曲求全，而是在恰当的时间、适当的场合，给他人体面的自尊。因此，有时你发现了对方言行中存在问题，你不但不能指出来，还要不动声色地认同他。

2 及时转移注意力

当朋友之间因意见不合而互不相让时，为了避免将问题恶化，最巧妙的方法之一就是转移朋友的注意力。

管好你的嘴，谨言慎行是一种智慧

生活中，我们大多喜欢那些说话做事直接的人，他们给人率真的印象。然而，一些人常常因口无遮拦而失了分寸，甚至伤害到他人。如果你希望自己成为一个受人欢迎的人，就要管好你的嘴，做到谨言慎行。

魏文帝曹丕，对人冷漠无情，心胸狭隘。曹操在位时，鲍勋担任魏郡西部都尉的官职，负责邺城（今河北省临漳县）西部的治安。那个时候，曹丕还是太子，他的夫人郭女王之弟因为触犯了法律，鲍勋便将他依法收捕了。为了此事，曹丕出面求情，但是鲍勋为人清正廉明，不答应，依法惩办了郭女王之弟。因为这件事情，自此以后，曹丕一直耿耿于怀，总是想伺机报复鲍勋。

曹丕即位后，鲍勋不仅没有避让风头，反而更加直言不讳地向曹丕进谏，几次惹得曹丕勃然大怒。

有一次行军宿营，鲍勋担任营中执法官。一天，他的一个朋友来军营探望他，因为军营内部还没有建好，所以朋友抄了近道。按照军规，军营内是不许抄近道的。军营令要因违犯军规处置鲍勋的那个朋友，鲍勋以军营刚刚打桩划线、还没有建成为由，为朋友据理力争。

曹丕知道这件事情后，大喜过望，他终于抓住了鲍勋的把柄，因此马上下令道："鲍勋应交办治罪！"

执法大臣接到命令后非常为难，因为鲍勋自己并没有违反军规，而只是念及朋友情谊保护了友人而已，性质根本没有这么严重。曹丕勃然大怒，说道："鲍勋罪在必死，如果你们胆敢袒护他，我就将你们一并治罪！"

事已至此，朝中的一大批元老重臣都认为曹丕未免有公报私仇之嫌，因此全都出面为鲍勋求情，就连主持司法的大臣高柔，也舍生取义地坚决拒绝执行处斩鲍勋的命令。这下子，曹丕更加生气了，他把高柔召到朝堂软禁起来，亲自出面派遣使臣杀了鲍勋，然后才放了高柔。

在上述事例中，虽然曹丕的确是冷漠无情、心胸狭隘的，但是，鲍勋也存在一定问题。古人常说，伴君如伴虎，作为大臣，在和帝王相处尤其是交流的时候，一定要讲究方式方法，既要据理力争，也要保全自己的性命。而鲍勋的错误之处恰恰在于他只看到眼前的事情，而没有长远考虑，缺乏一定的变通能力。也许，他至死都不知道曹丕为什么一定要因为那件小事而处死自己。

由此可见，与人沟通时，一定要三思而后行，特别是对地位比自己高的人，在交流和相处的时候更是要谨言慎行！

👆 沟通技巧

GOU TONG JI QIAO

1 说话之前多思考

与人沟通，不要一股脑将心中的想法和盘托出，要谨记你的沟通目的，在有必要的情况下才开口，否则很容易留下语言把柄，为自己带来麻烦。

2 懂得变通

沟通中，在你做出论断的时候，一定要懂得变通，对于别人所说的话，我们一定要结合实际情况综合考量，不可片面地主观臆断。只有凡事都给自己留有余地，才能在回头的时候有路可走，从而避免彻底失败。

沟通语言，简洁为上策

生活中，我们发现一个现象，那些沟通能力强的人往往具有一个特质——气场强大，而他们通常在说话方式上都有一个特点，言简意赅，辞藻绝不冗长。因为他们深知这一道理：人们对于简洁有力的话语有更深刻的理解。少即是多，短即是美。简洁为上策！

少说一点，对方就会多记住一点。当你真正做到说话简明扼要，你传递的信息就会显得意味深长。它还表示你还有事情要忙，有人要见，要赴约，更显得你讲的内容珍贵，从而令你的气场强大。

而事实上，很多人在与他人沟通的时候，由于心情紧张或者急于表达自己的说话意图而忽视自己的表达方式。但越是慌慌张张地表达自己的意图，语言就越组织得错漏百出，结果与对方沟通起来就越吃力。因此，说话啰唆、不言简意赅给对方的印象常常是非常糟糕的。

沟通能力强的人说话永远言简意赅，他们所说的那些最有效的话，往往简单、明了、有力；而有些人说话常常因为过于复杂——想得复杂、说得复杂，让人一头雾水，才造成理解上的误会和沟通上的困难。

简洁的语言表达，就是话语简练，不啰唆重复，没有多余的话，它反映了量的要求；明晰，就要把意思表达清楚，使对方准确理解其含义，它含有效果方面的要求。简洁明晰的语言表达，就是以最少的语言传递最多的信息。

为此，在与他人沟通时要记住以下几个要点：

第一，简短的言语更有力；

第二，抓住所要表达观点的核心；

第三，言语表达有条理，分清层次；

第四，正确使用词语，表述明确。

言简意赅往往比喋喋不休更有说服力，也更有影响力。简洁明晰地表达出自己的观点让你更有气场。因此，我们与人沟通，应尽可能地用最清晰、简明的语言使对方获得想要知道的相关信息。

沟通技巧

1 要表达必要的信息

　　传达信息时应使用相应的简练词句，精简多余的信息。有些人讲话滔滔不绝，但是繁复冗长，这是一种令人生厌的习惯，应改正。

2 不说重复、啰唆的话

　　语言表达应言简意赅，举例精要，措辞精练，思路清晰，不说套话、空话。

3 要正确使用词语，表达明确

　　忌用那些令人费解的词语，防止误解，避免歧义。说话不要吞吞吐吐，或说一些似是而非的话，要一是一、二是二，把要表达的意思说清楚。

适时留白，此时无声胜有声

心理学中有个名词叫"空白效应"，指的是故意设点悬念、吊一吊胃口，给他人留下想象的空间，更能激发人的好奇心和求知欲，让大脑变得活跃起来。而如果全盘告知，人们不仅容易产生心理疲劳，大脑的创造性思维还可能受到压制。有句诗叫"此时无声胜有声"，生活中，我们与人沟通，如果想要自己的言辞更被重视，并让自己说话时产生强大的气场，也要合理利用这一效应。

一次，有位老师朗读课文《孔乙己》，当他读完最后一句"——大约孔乙己的确死了。"，全班学生肃然，课堂顿时沉寂——他们沉浸在思考中。这是孔乙己的悲剧引起了他们的思考。这位教师维持着这种"课堂空白"，并不急于讲课，让学生继续咀嚼、体味文章的内涵。两三分钟后，一个学生长吁了一声，课堂又活跃起来了。这位老师马上抓住时机提问："孔乙己这个人似乎很可笑，但你读完之后，笑得出来吗？有什么感想？"学生们异口同声地回答"即使笑，也是沉闷压抑的"，"孔乙己既可怜又可气"。"好！"这位老师感到很满意。他并没有一直在讲解，但是学生正确理解了课文的精华。

在课堂上，老师适时沉默，让课堂教学取得了良好的效果。生活中，我们与人沟通，有时候，不妨也适时沉默，也许事半功倍。比如，演讲时设个"包袱"，让人不得不"穷追不舍"；给他人提意见时，说个引子就打住，让对方自己反省，可能印象更加深刻。

另外，人们对于那些懂得"三缄其口"的人往往更易产生好感，因为"祸从口出"，有些话该说，有些话不该说，说出去的话，就像泼出去的水，有时"覆水难收"。人至成年，没有理由不对自己说的话负责任。自古就有谨慎说话方面的名言，如"吉人之辞寡，躁人之辞多""人生丧家亡身，言语占了八分"。但许多人仍有"话多"的毛病，聒噪喧嚣，令人厌恶。

可见，适当沉默是人际沟通中无声的"武器"，它会让你在与人沟通的过程中畅通无阻。不过到了该你说话的时候，你三缄其口，还是会惹大家不满意的。所以到了非说不可的时候，还是要大胆开口，当然也要讲究艺术，小心用词。

沟通技巧
GOU TONG JI QIAO

1 留白要掌握火候

也就是说，沉默要把握时机。比如，尽量在对方心存疑念、渴望得到答案时沉默，这样能很好地起到吊胃口的作用。

2 要精心设计

我们要学会找到"引"与"发"的必然联系，当问题产生后，可以适当点拨对方，使对方有联想。然后以"发问""激发"等方式激起对方的思维，让其自己获悉答案，以此填补思维空白点，获取预期的效果。

深谋远虑，开口前先打个腹稿

生活中，我们都知道沟通的重要性，然而，总有些人，把沟通当成比赛，好像说得快、说得多就代表自己胜利了，沟通时往往口不择言。事实上，正是这样，才导致祸从口出，说一些不该说的话，犯一些无法弥补的错误。所以，为了与他人更好地沟通，请克制住自己争强好胜的个性，在说重要的话前先打个腹稿。只有这样，才能有效管住你的嘴巴，避免因为"口误"而给他人带来不悦。

宋朝有位名宰相叫寇准，虽然有治国之才能，但不愿学习。就如同其朋友张咏所说："寇公奇材，惜学术不足尔。"这句对寇准的评价是非常正确的，为此，张咏一直想找个机会劝劝寇准多读些书。因为宰相关系到天下的兴衰，理应学问更多些。

恰巧时隔不久，寇准因事来到陕西，刚刚卸任的张咏也从成都来到这里。老友相会，格外高兴。临分手时，寇准问张咏："何以教准？"

张咏对此早有所考虑，正想趁机劝寇准多读书。可是细细想来，寇准已是堂堂宰相，居一人之下，万人之上，如果直接说让他学习，这不是明说了他没有学问吗？这也会让堂堂宰相失了身份。于是张咏略微沉吟了一下，慢条斯理地说了一句："《霍光传》不可不读也。"

当时，寇准云里雾里，弄不明白张咏说这话是什么意思，可是也没有多想，听完就离开了。

回到相府，寇准赶紧找出《汉书》，他从头仔细阅读起《霍光传》，当他读到"然光不学亡术，暗于大理"时，恍然大悟，自言自语地说："这大概就是张咏要对我说的话啊！"

张咏的聪明之处就是在不伤害寇准面子的情况下，隐晦地表达自己劝谏寇准读书的含义。

可见，沟通是一门艺术，更考验一个人的变通能力。说什么、怎么说，都有讲究。很多时候，一句恰当的话可以为你加分，而有时吃亏就是因为没能管住自己的嘴巴。对此，我们要有清醒的认知，无论想说什么，不妨先打个腹稿，多考虑一下自己这样说的后果，这样，能避免说出很多不该说的话。

沟通技巧
GOU TONG JI QIAO

1 沟通要注重变通
在面对别人的提问时，你要懂得随机应变，把回答的话说得滴水不漏，让对方找不到把柄。

2 学会合理拒绝
交谈过程中，如果对方逼你表态，而你无法做出抉择，你就可以大胆坦言："我还需要仔细考虑，请给我一点时间。"这不仅可以帮你省去许多麻烦，也是提高冷静应对能力的重要手段。

言辞缜密，避免被他人抓住把柄

我们经常看到，在一些公共场合，一些人侃侃而谈，与周围的人相谈甚欢。他们喜欢将自己的想法不假思索地表达出来，因为词不达意、言辞不缜密，他们要么被人抓住"把柄"，要么让自己或交谈的对方陷入语言尴尬境地。因此，在日常沟通中，你要懂点技巧，只有丝丝入扣、滴水不漏的语言才能敲开人的心防，彰显你的沟通水平，而在语言沟通中，无论是赞美他人，还是批评他人，你都应该谨慎使用言语，不给对方反驳的机会，不让对方有空子可钻，以缜密言语来影响他人心理。为此，你需要明白，言多必失，你最好在开口前多一些思考。

一个年轻人对大发明家爱迪生说："我有一个伟大的理想，那就是我想发明一种万能溶液，它可以溶解一切物品。"

爱迪生听罢，惊奇地问："什么？那你想用什么器皿来盛放这种万能溶液？它不是可以溶解一切物品吗？"

这里，为什么这个年轻人被爱迪生问得哑口无言呢？因为他的想法中，他一方面认为"万能溶液可以溶解一切物品"，另一方面又承认"存放这种溶液的器皿是万能溶液所不能溶解的"，这两个判断是互相矛盾的。

实际上，我们的生活中有很多这样的人，他们在说话时不经过大脑思考就脱口而出，常常会因为言语中出现的漏洞而被对方反将一军，或者自作聪明地认为自己掌握了话语主动权，但是，在无意之间就让对方抓住了"把柄"，最终只能以惨败收场。所以，我们不仅要善于言辞，更要会说话，努力把话说得滴水不漏，不让对方抓住"把柄"。

沟通技巧

1 开口前多思考

　　无论是在什么场合，面对什么人，你都需要"三思而后说"，这样的言语才会显得缜密、谨慎。

2 说话要顾及他人感受

　　嘴上占上风并不代表你有多么了不起，别人不会因为你的"伶牙俐齿""心直口快"就佩服你、喜欢你，反而会因为你的不识抬举、不懂礼貌而厌恶你，你的人际关系也就会因此而越来越差，甚至出现孤立无援的悲惨局面。

第02章
少不如好：忠言多放"糖"，也可不逆耳

　　我们都知道，语言是人际交往的基本工具，是沟通的主要媒介之一。那么人们都爱听什么话呢？很简单，人性的弱点告诉我们，人们都爱听恭维的话，人类都是禁不住恭维的。喜欢听赞美似乎成为人的一种天性，是一种正常的心理需要。这就告诉我们，与人沟通，要善于变通，当正面表达无法起到作用时，不妨在语言中加点"糖"，这样忠言也可以顺耳。

以"客套话"开头，让沟通免于沉默

中国是一个有着悠久历史的国家，一个礼仪之邦。自古以来，人们都喜欢与知晓礼数的人交谈。而会不会说"客套话"是一个人懂不懂礼数的重要表现，更是一个人沟通能力的体现。人与人见面之初，往往可能陷入无话可说的尴尬境地。这时你不妨以一些"客套话"开头，比如："天气似乎热了点！"或者"最近忙些什么呢？"等等。虽然这些"场面话"大部分并不重要，然而，正是这些话才使彼此免于尴尬的沉默。

被美国人誉为"销售大王"的霍伊拉先生曾经有过这样的一次销售经历。

一次，他听说著名的梅依百货公司最近需要打一则很大的广告，并且，经费很可观，于是，他便决定将这笔生意揽到自己手中。为此，他开始寻找各种能获得这笔生意的方法，然而，他首先做的就是，想方设法了解该公司总经理的爱好。经过了解，他得知，这位总经理会驾驶飞机，并以此为乐趣。

于是，霍伊拉获得了与总经理见面的机会，在相互介绍后，他不失时机地问道："听说您会驾驶飞机，您是在哪儿学的？"这一句话挑起了总经理的兴致，他兴致勃勃地谈起了他的飞机和他学习驾驶飞机的经历。

结果，霍伊拉不仅得到了广告代理权，还荣幸地乘坐了一回总经理亲自驾驶的专机。

案例中，霍伊拉先生之所以能成功拿到这笔大单子，可以说，完全得益于他一句恰到好处的寒暄。从对方感兴趣的话题开始寒暄，能激发对方继续谈下去的欲望，这样，即使陌生人之间，也能迅速让感情升温，产生一种亲近感。

沟通技巧

一般来说，"客套话"有以下几种：

1 当面称赞人的话

诸如称赞小孩子可爱、聪明，称赞女士的衣服大方漂亮，称赞某人教子有方……场面话所说的有的是实情，有的则与事实有相当一定的差距，只要不太离谱，听的人十有八九都感到高兴，而且旁人越多他越高兴。因为事实上，每个人都愿意听赞美的话，尤其是公开的赞美，对方接受起来也更乐意。

2 当面答应人的话

和陌生人交往，如果对方希望你帮什么忙，即使你不能帮忙，也不能当面拒绝。因为场面会很难堪，而且会马上得罪人。你可以说这样一些场面话，诸如"我全力帮忙""有什么问题尽管来找我"等。给足对方面子，不至于让他下不来台，他也会觉得你是个顾全大局的人。

因此，在与人沟通的时候，我们需要掌握一些"客套话"的说法，并在三言两语之间，就让对方为我们打开心门！

微笑沟通，传达你的善意

俗话说得好，伸手不打笑脸人，对于别人善意的微笑，我们怎么可能拒绝呢？卡耐基说，笑容能照亮所有看到它的人，像穿过乌云的太阳，带给人们温暖。行动比言语更具有力量，微笑所表示的是"我喜欢你，你使我快乐，我很高兴见到你"。与人沟通中，保持微笑，作用明显。但是要注意你的微笑应发自内心，渗透着自己的情感，表里如一。因为毫无矫饰的微笑才有感染力，才能被视作"参与社交的通行证"。

卡耐基鼓励成千上万的商人，花一个星期的时间，每天都对别人微笑，然后再回来谈谈所得的结果。情形如何呢？威廉·史坦哈是好几百人中的典型例子。

"我已经结婚18年多了，"史坦哈说，"在这段时间里，从我早上起来，到我要上班的时候，我很少对我太太微笑，或对她说几句话。我是百老汇最闷闷不乐的人。"

"既然你要我微笑，我就决定试个一星期看看。"

"现在，我要去上班的时候，就会对大楼的电梯管理员微笑着说一声'早安'；我以微笑跟大楼门口的警卫打招呼；当我跟地铁站的出纳小姐换零钱时，我对她微笑；当我站在交易所时，我对那些以前从没见过我微笑的人微笑。我很快就发现，每一个人也对我报以微笑。我以一种愉悦的态度，来对待那些满肚子牢骚的人。我一面听着他们的牢骚，一面微笑着，于是问题就容易解决了。我发现微笑带给我更多的收入，每天都带来更多的钞票。"

"我跟另一位经纪人合用一间办公室，他的一位职员是个很讨人喜欢的年轻人。我告诉他最近我所学到的做人处世的哲学，我很为所得到的结果而高兴。他接着承认说，当我最初跟他共用办公室的时候，他认为我是个非常闷闷不乐的人，直到最近，他才改变看法。他说当我微笑的时候，我充满慈祥。"

可以说，是微笑让威廉·史坦哈的人生有了巨大的改变。的确，我们每天都要面对烦琐的生活，都要面临工作的压力，我们常常忘记了微笑是什么，该怎样微笑。但如果你想成为一个受人欢迎的人，就不要皱着眉头了，学会微笑吧，让你的笑容感染他人。

沟通技巧
GOU TONG JI QIAO

1 经常对周围的人发自内心地微笑

你应该注意的是，微笑并不是简单的面部表情，它应该体现整个人的精神面貌。所以，我们可以在平时多对周围的人发自内心地微笑。这样，就能避免在与他人沟通时僵硬地笑了。

2 微笑时要心存友善

只有友好的笑容，才能让他人感受到你的诚意，也才是自然的，能感动他人的。

3 你的微笑可以活泼一点

如果你的微笑可以活泼一点的话，将更能表现你的真诚与快乐。当你对别人说"谢谢！"的时候，要真心实意，言必由衷。你说的"早安！"要让人觉得很舒服，你说的"恭喜你！"要发自肺腑，你说"你好吗？"时的语气要充满了深切的关怀。一旦你的言辞能自然而然地渗入真诚的情感，你就拥有引人注意的能力了。

赞美他人鲜为人知的优点，迅速赢得人心

鼓励和赞美他人，是我们在日常沟通中常常碰到的情况，要建立良好的人际关系，恰当地赞美别人是必不可少的。这是人们的一种心理需要，是对他人尊敬的一种表现。恰当地赞美别人，会给人以舒适感，同时也会改善我们的人际关系。但我们所说的赞美绝不是毫无章法的，沟通中，如果你总是在赞美很多人都提及的优点，别人听得多了，就引不起兴趣。这时候不妨赞美别人忽视的优点，会达到意想不到的效果。比如，很多人都称赞某个明星戏演得好、歌唱得好，殊不知，其实他很擅长踢足球，此时，如果你能一反常态，赞美他的球踢得好，势必引起关注。

的确，在每个人的内心，其实都希望他人能看到自己某方面的优点，都希望自己的价值被认可，尤其是那些被他人忽视的优点，一旦被你发现并指出来，对方势必大为感动。

一个在巴黎旅游的外国人，在车站附近遇到一个街头卖艺者，其琴声悠扬，令人感伤，吸引了不少行人。拉完一曲，周围的人纷纷向钱罐里丢钱，有的面值还不小。转眼工夫，钱已装满了罐子。但卖艺者脸上并没有一丝欣喜的表情。

"已赚到不少钱了，他为什么还不快乐？"旅游者望着卖艺人那依旧忧郁的面孔，疑惑地问。

"也许他需要掌声吧。"她的朋友淡淡地说了一句。

旅游者的心被触动了。她缓缓抬起手来，为之鼓掌。果然，卖艺人那张暗淡瘦削的脸慢慢绽开了笑容，眼睛里还溢出了感激的泪水。

不错，卖艺者心底的最终期待是掌声！钱只不过是别人因可怜他而给予的一种帮助，而掌声则是对他人生经历的赞许和鼓励，是真正发自内心的无私认可。

的确，生活中，我们每个人都在为自己的工作和生活忙碌着、辛苦着，我们的努力需要得到别人的肯定，而如果我们能挖掘出别人未曾被赞赏过的优点进行赞美的话，那么，对方一定能感受到你真诚的评价。

当然，正如任何形式的赞美一样，赞美他人被忽视的优点也必须建立在真诚的基础上，不要为了赞美而赞美，因为只有真诚的赞美才是自然的，才不会给对方莫名其妙的感觉。

沟通技巧
GOU TONG JI QIAO

1 少讲客套的赞美话

事实上，要想给对方真诚的赞美，首先就必须避免冗长的赞美之词，字字珠玑的赞美才能把话说到点子上。

2 找出对方隐藏的优点

每个人都有其自豪的地方，有的优点是被他人经常提及的，但有些优点是被人忽略的，为此，从被大众忽略的角度进行赞美，就需要我们做到细致地了解对方，然后加以赞赏，这样必然会得到他的好感。

3 不着痕迹地夸大对方被人忽视的优点

赞美对方，把对方的优点加以拔高、放大。这样的话有明显讨好之意，因此，我们在抬高别人的时候，一定要说得巧妙，最高明的做法是自然而然，不露痕迹。

"谢谢"二字有神奇的魔力

生活中，我们常说做人要懂得感恩，但感恩之心也要表达出来，当我们获得了别人的帮助后，一句"谢谢"，往往是人与人之间良性沟通的开始。然而，不少人认为"大恩不言谢"，不愿意说"谢谢"，他们认为对方和自己的关系实在是太不一般，说了"谢谢"似乎就太客套了，"谢谢"只适用于陌生人之间。其实事实并不是这样。

当朋友帮了你一个大忙，同事为你介绍了一位新客户，这些都是值得你感激并且要及时表示感谢的情况。比如，你可以说"上次的事情多亏了你，否则我都不知道该怎么办才好。"并且，当朋友或同事明明需要你的帮助而羞于开口时，你一定要积极主动地帮忙，就像他们帮你时那样。此时为了维护他们的自尊，你完全可以不说透："这件事我正好熟悉，不然也帮不上什么忙……"总之，感谢一定要言之有物。握着对方的手一个劲儿地说"谢谢"，会把对方弄得一头雾水，而且达不到感谢的目的。

事实上，会说"谢谢"的人通常会给人一种正直、大方的感觉，相信当对方听到你的道谢时，心里都是很喜悦的，因为他们不仅受到了赞美，更重要的是自身的价值得到了肯定，自身的修养得到了升华。所以，请聪明的你把心中的感激表达出来吧！只有把"谢谢"诉诸语言，才会让对方知晓你的心，也才会让你的形象在对方心里永不褪色。

沟通技巧
GOU TONG JI QIAO

表达感谢时，你要注意以下几点。

1 真诚表达

无论什么时候都请记住：道谢不是一个表面工程，它需要你从内心深处去感激。真心实意的感谢才会令对方感动、欣慰，才能使你们的友谊地久天长。

2　眼神专注

要想真正用感谢的话打动对方，你还需要在说"谢谢"的时候注视着对方的眼睛。

3　表达要自然

既然是来表示感谢，说话时语言就一定要大方得体、诚恳坦率，不要扭扭捏捏，或表现出羞涩的样子。如果你说"谢谢"的时候态度不大方，很容易引起对方误会：这到底是感谢我来了，还是讽刺我来了？明明很好的一件事情被态度搞砸了。

4　感谢时一定要称呼对方的名字

如果有人说"谢谢你"和"谢谢你，小张"，你会觉得哪句好一些呢？显然是第二句更具有亲和力吧。称呼对方的名字能让对方全身心感觉到你是在感谢他而不是别人，因此也能唤起对方心灵深处那种自豪感，在你记住他的同时，他也记住了你，这就是人脉资源规划的一个良好开端。

给对方一个超过事实的美名

人人都喜欢听好话，这是人性使然，这就告诉我们在与人沟通时，要善于变通，不要直接表达自己的想法，可以先进行一番恭维，先把对方捧高，这样，当我们提出自己的要求时，对方便不好意思拒绝了。比如，我们可以给对方一个超过事实的美名，让其自我感觉良好。这样在跟他说话的时候，他就会在心里觉得自己是很值得尊敬的人，对于你的请求，他又怎么好意思拒绝呢？

我们先来看这样一个故事：

> 从前，一个秀才高中，马上就要到京城做官去了，离别前，他要向自己的老师拜别。
>
> 恩师对他说："京城不比家里，那里人心险恶，你需要求人办事的地方多了，切记一定要谨慎行事。"
>
> 秀才说："没关系，现在的人都喜欢听好话，我呀，准备了100顶高帽子，见人就送他1顶，不至于有什么麻烦。"
>
> 恩师一听这话，很生气，以教训的口吻对他说："我反复告诉过你，做人要正直，对人也该如此，你怎么能这样？"
>
> 秀才说："恩师息怒，我这也是没有办法的办法，要知道，天底下像您这样不喜欢戴高帽的能有几人呢？"秀才的话一说完，恩师就得意地点头称是。
>
> 走出恩师家的门之后，秀才对他的朋友说："我准备的100顶高帽子现在只剩99顶了！"

这个故事虽然是个笑话，但说明了一个道理，那就是谁都喜欢听赞美的话，就连那位教育学生"为人正直"的老师也未能免俗。

这一现象是有一定的心理原因的，因为人都有社会化的需要，即对力量、权势和信任的需要，以及对地位、权力、受人尊重的追求，而赞美则会使人的这一需要得到极大的满足。心理上的亲和，是别人接受你意见的开始，也是转变态度的开始。由此可知，与人沟通，我们要达成自己的沟通目的，一个行之有效的方法就是给其戴戴高帽子。

当然，所谓"恭维对方"就是"捧"，是指对所求的人恰到好处地称赞，并不包括那种漫无边际、肉麻的吹捧。求人时说点对方乐意听的话，尤其是顺便就与所求的事有关的方面称赞对方一下，也不失为一种求人的好办法。

沟通技巧
GOU TONG JI QIAO

1 了解对方，才能找到对方喜欢戴的"高帽子"

每个人都有其最自豪的地方，我们抬高别人之前，就要先找出对方最值得赞扬的地方，然后加以赞赏。

2 不着痕迹地夸大别人的优点

抬高别人，难免要说一些奉承话、恭维之辞，把对方的优点加以拔高、放大。这样的话有明显讨好之意，因此，我们在抬高别人的时候，一定要说得巧妙，最高明的做法是自然而然，不露痕迹。

3 适当示弱求帮助

用商量的口吻向对方说出自己的目的，是一种巧妙的办法。装作自己没有任何把握，将建议与请求等慢慢表达出来，给对方和自己留下一条退路。比如说："这件事我办起来很困难，你试试如何？"

与其逆鳞撸，不如顺毛摸

现代社会，人与人之间的交往空前频繁。无论是什么类型的沟通，我们都通过"说"来让对方接纳我们。而要想成功达成我们的沟通目的，就要记住，顺毛摸永远强过逆鳞撸，如果正面无法达成目的的话，不妨变通一下，从对方能接受的角度入手，然后根据对方的需要，提出你的新主张，从而让对方放弃旧主张，达到改变对方观点的目的。

这天，左师触龙走上前，说："我一直担心太后的玉体欠安，所以今日特来看望。"而后触龙向赵太后请求道："我的小儿子最不成才，可最得我的疼爱。我恳求太后让他当一名卫士。"

赵太后说："真想不到你们男人也疼爱小儿子呀！"触龙说："恐怕比女人还厉害呢！"太后不服气地说："还是女人更爱小儿子。"触龙见时机已到，说："老臣认为您爱小儿子爱得不够。"又说："想当初，您送女儿远嫁燕国时，希望她的子孙相继在燕国为王。这才是真正的爱。"

太后信服地点了点头，触龙便接着说："您如今虽然赐给长安君许多土地、珠宝，但如果不让他有功于赵国，长安君能自立吗？"触龙这番话说得赵太后心服口服。她立即命人为长安君准备车马、礼物，送他前去齐国当人质。

触龙一开始并没有直接说要劝谏，而是在聊天之中动之以情，说出了赵太后的担忧，尽管是在批评老太后，但实际是在为她设身处地地考虑。最终，赢得了赵太后的欣赏。

心理学家认为：人内心对自己非常忠诚，对于反对和批评会产生强烈的抵触和对抗，心里觉得你并不了解他。相反，如果你能设身处地说出对对方的担忧，表达你的同情和理解，别人心里会感觉到温暖，抵触的情绪会减弱。基于人们的这种心理，沟通中，要想达成所愿，不妨动之以情，设身处地地为他人着想，说出对方内心的担忧。

可见，当正面沟通会使对方产生对立情绪时，不妨采用迂回的方法：或退一步，或从侧面，或步步为营。总之，要从对方可以接受的角度入手，从而让对方在不知不觉中接受你的意见。

沟通技巧

GOU TONG JI QIAO

1 不要在刚开始就讨论双方的分歧点

如果一开始我们就反对对方，那么，对方只会产生逆反心理；而反过来，如果我们站在了对方的角度说话，先肯定他，或者讲些对方愿意听的话，那么，共同点找到后，你再表达自己的观点，对方会更容易接受。

2 切莫让对方先入为主

如果在开始沟通前，对方就已经对你树立起了警戒或者对立的态度，那么，成功沟通的难度自然就会加大，所以我们应当一面巧妙地疏导和松懈对方的戒心，一面小心地辅以适当的劝服，这样对方就比较容易接受。

3 切忌批评

假如你劈头盖脸地批评对方，那么，这无疑是火上浇油，会使对方迁怒于你。所以你一定要注意自己说话的态度，真诚恳切而又平心静气地向对方陈述，使对方信任你，才有可能说服对方。

含蓄地提出批评或建议，让忠言也可以顺耳

俗话说，"人无完人"，每个人都有可能犯错误。我们在与人沟通中，如果发现对方的过失而必须指出来时，不能不顾对方的颜面。应该注意方式方法，才能让他人不仅不怨恨反而感激；而如果我们坚持"忠言逆耳，良药苦口"的原则，说话过激，必然会招致对方厌烦。当然，过轻或过迟，对方则可能根本意识不到。所以，及时和含蓄地提出批评或建议，是一种语言智慧，能让忠言不再逆耳，才能发挥应有的作用。当然这里说的含蓄应遵循不失实、不就轻的原则。

> 齐景公在位的时候，雪下了三天不转晴。景公披着狐皮大衣，坐在朝堂一侧的台阶上。晏子进去朝见，站了一会儿，景公说："奇怪啊！雪下了三天，可是天气不冷。"晏子回答说："天气真的不冷吗？"景公笑了。
>
> 晏子说："我听说古时候好的君主自己吃饱了却想到别人的饥饿，自己暖和了却想到别人的寒冷，自己安闲了却想到别人的劳苦，现在您不曾想到别人啊。"景公说："好！我受到教诲了。"于是命人发放衣服、粮食给寒冷饥饿的人。给已任职的士人发两个月的粮食，给病困的人发两年的粮食。孔子听到后说："晏子能阐明他的愿望，景公能实行他认识到的德政。"

这段文字记述晏子同齐景公的一段对话，提醒执政者要重视百姓疾苦。晏子劝谏，并不是采取直言的方式，而是从天气入手，让齐景公自己认识到自己不顾百姓疾苦的过失，进而产生"我受到教诲了"这样的感叹。俗话说，伴君如伴虎，直言劝谏很可能招来杀身之祸，委婉劝谏才是既能让君王接受又能保全自己的最佳方式。

我们说："良药苦口利于病，忠言逆耳利于行。"说得很有道理，但却不是日常交流中最佳的法则。人和人的感情不仅需要培养，更需要维护，而且规劝、批评别人，正是以维护的目的去做的，那么，我们何不让苦口的良药也裹上糖衣呢？把劝谏的话说得甜美动听，甜到对方心里，对方必定接受并感激你！

沟通技巧
GOU TONG JI QIAO

1 先讲自己的过失

在日常生活中，所有的批评和建议如果只提对方的短处而不提他的长处，对方肯定会感到心理上不平衡，或者感到委屈。最有效的办法之一就是先讲自己的缺点和过错。因为你讲出自己的错误，就能给对方一种心理暗示：你和他一样都是犯过错的人，这就会激起他与你共情。在此基础上再去批评或给对方建议，对方就不会觉得失面子了。

2 委婉表达，含蓄指出对方的过错

人都是有自尊心的，有的人之所以不愿接受批评或建议，主要是因为怕触伤自己的自尊心和荣誉感。为此，我们在给他人批评和建议时，如果能找到一种含蓄委婉的方法，反而更能达到使其改正错误的目的。

第03章
看人说话：
烧香要拜对菩萨，
说话要看清对象

　　生活中，与人沟通的时候，你是否经历过"对牛弹琴"的尴尬？你是否让交谈的对方感觉无趣而终止了谈话？你是否因没顾及对方的情绪而得罪他人？如果你经历过这些沟通难题，那么，你可能忽略了一点，那就是看人说话。与人沟通要懂得变通，不同的人，有不同的脾气、性格等，即使同一个人，也可能会产生情绪的变化。如果忽略了这一点，往往会遭遇"不对脾气"，甚至"话不投机半句多"的尴尬。而如果你懂得了看人说话，也就掌握了和任何人都能沟通下去的技巧。

看场合与语境说话，是一种沟通智慧

我们都知道，人与人之间沟通的主要媒介就是语言，这就少不了要说话，而那些善于沟通的人往往都掌握了一套智慧语言策略，其中，最重要的一条就是看场合说话。

人们常说："说者无心，听者有意。"如果你在与人沟通时不懂得变通、不注意场合说话，随心所欲，信口开河，想到什么说什么，这是"不会说话"的表现，会给交往对象留下不良印象。人，总是在一定的时间、一定的地点、一定的条件下生活，在不同的场合，面对着不同的人、不同的事，从不同的目的出发，就应该说不同的话，用不同的方式说话，这样才能收到理想的谈话效果。

在人际沟通的过程中，很多人都产生过这样的懊悔："在那种情况下我不该那么说。"可见，说话用语与当下的情境必须保持和谐，这是一条不可违背的规律。

> 某法院正在审理一起严重的盗窃案，这起案件已经审理了很长时间，而被告在被审问时，对作案时间始终交代不清。为了能核实具体的情况，审判长决定传被告之妻到庭做证。由于过分着急，审判长脱口而出："把他老婆带上来！"
>
> 法庭顿时哗然，严肃的气氛被冲淡了。

法官的这句话，很明显说得不适宜，当时，审判长应该运用法庭用语，宣布"传证人某某某到庭"。他以日常用语取代了法庭用语，故而闹出了笑话。

语言词汇是很丰富的，只有依据不同的场合，选取最恰当的词语，才能准确地表达自己的思想感情。不论什么时候、什么场合，我们与人沟通，都要注意分寸，注意方式方法，没有考虑周到的话，最好不说。说话注意分寸，要做到慎言，同时还要注意说话的场合、地点和说话的对象，乱说一通，同时还要注意说话的内容和形式，做到该说的说，不该说的半个字也不说。

沟通技巧

1 沟通要看场合的庄重与否

举个很简单的例子，如"我特地来看你"，显得很庄重；而"我顺便来看你"，有点随随便便看你来了的意思，可以减轻对方的负担。所以，我们要考虑说话庄重与否，在庄重的场合不能说"我顺便来看你"，这样就显得不够认真、严肃，会给听者的心里蒙上一层阴影。而明明是"顺便"做某事，却说"特地"，有些小题大做，让对方增加心理负担。

2 沟通要看场合的正式与否

在非正式场合下，说话就不可文绉绉的，而应适当随便一些，像聊家常一样，便于感情交流，谈深谈透；在正式场合说话应重视，事先做好准备，不可语言庸俗，不能用词不当。

3 沟通要看交往关系的亲疏

人与人之间的关系，通常是亲疏不一的，有"自己人"，也有"外人"。这也就决定了我们说话要注意场合。对外人，要本着"逢人只说三分话，未可全抛一片心"的原则。而对自己人，可以"关起门来谈话"，可以无话不谈。

4 沟通应根据场合气氛

一般地说，说话应与场合中的气氛相协调。在别人办喜事时，千万不要说悲伤的话；在人家悲痛时，不要说逗乐的话，否则别人就会说你这人太不懂事了。

表达欣赏，捧出好伴侣

人们常说："相识易，相知难；相交易，相爱难。"爱情永远是世间最美好的话题，爱情是浪漫的，但爱情终究要走向婚姻这一条路。婚姻是现实的，有时一方常抱怨婚后柴米油盐的生活，常抱怨对方婚后发生的变化——不再贴心、细腻、浪漫。实际上，婚姻中夫妻之间的关系是相互的，只有带着欣赏的眼光去看待你的爱人和婚姻，你才能体会到婚姻的韵味。

我们可以说，好伴侣是捧出来的，人都爱面子，爱听甜言蜜语也并不是谁的专利，人们都希望听到他人尤其是自己的伴侣的认可。作为伴侣，只有欣赏另一半，才能最大限度地放松，从而展现出自己最完美的内在，并且不断地提高自己，完善自己，给对方以力量、快乐、幸福，直至永远！

> 一次，大哲学家苏格拉底正在与学生们探讨学术问题，但他的妻子不知为何突然提着一桶水走了进来，骂骂咧咧后便把这桶水朝苏格拉底泼了过去，苏格拉底全身湿透。
>
> 当时的气氛十分尴尬，很多学生也不知所措，谁知苏格拉底居然笑了起来，然后幽默地说："我早知道打雷之后一定要跟着下雨的。"

苏格拉底的这一番话尽显哲学家的幽默和气度，但也足见其妻子并不尊重丈夫，更别说给丈夫面子了。

有人说，婚姻是一堂课，这堂课上，夫妻双方只有互相学习，才能共同成长，而这堂课上，最重要的内容就是互相欣赏和赞美。的确，对每个人来说，婚姻生活都是公平的，也许和自己朝夕相伴的伴侣不一定是最优秀的，但一定都是最合适的。欣赏就是婚姻的肥料，将其施于婚姻成长的土壤中，才能培育出生生不息的幸福。

👆 沟通技巧 　　　GOU TONG JI QIAO

1 **多表扬伴侣取得的小进步**

当一个伴侣开始改变自己，取得一些小进步时，作为另一半要及时地赞美和表扬，让对方觉得自己的进步获得了欣赏，为此，自己会更加努力，让自己不断进步，让对方高兴，从而获得更多的认可和肯定。"你真棒""你真不错"这样的话要经常说。

2 **认同伴侣的兴趣爱好**

任何人都有自己的兴趣爱好，作为伴侣，如果你能放下手中的工作，和对方一起聊聊它，那么，对方一定认为你不仅是一个好伴侣，还是一个知心人，对你就会疼爱有加。

3 **要不断发现伴侣的闪光点**

要不断发现伴侣的闪光点，及时表扬和赞美，让对方不断建立起自信心，这样才能使得双方更加优秀。

与领导沟通，要放低姿态

我们都知道，中国人很重视面子，面子就是尊严，伤什么都不能伤面子。在很多人的心目中，面子是尊严的代名词，而对于身处高位的领导来说，他们更爱面子，这就要求我们在与他们沟通时要放低姿态，给足他们面子。不要执拗地强调"我的看法是正确的"。事实证明，在与领导说话的时候，态度比你的能言善辩更有效，同时更会省掉许多麻烦。

> 以前，有个很出名的画家，这天，他和他的弟子们去某画廊看画。接待他们的是一位漂亮的女士，女士很敬业，总是寸步不离地陪在他们身边，并且不断地介绍画廊的各种字画。
>
> 这会儿，画家停在了一幅字画前，并一字一句地读上面的诗句，有一张画的诗句是用草书题的，大概写得太草了，画家读着读着，突然停住了，应该是不认识这个字。此时，画廊的女士脱口而出："您看不出来啊！是意思的意嘛！"只见大师脸色一变，怒气冲冲地走出了画廊。

画廊女士的错误之处在于急于表现自己，让画家没面子。而与一般的沟通对象相比，领导本身在心态上就比我们有优越感，潜意识令他们自认为更应得到别人的尊重。所以我们在向领导表达观点或者提意见的时候，一定要摆正位置。你要明白，他才是领导，不能本末倒置，尤其在某些特殊的场合，给足他面子才会让他接受你。

事实上，评判别人是非常容易得罪或冒犯别人的行为，尤其当你沟通的对象是领导，你必须分外注重你自己的身份和说话分寸，思考该以怎样的形式来说话是最基本的解决之道；保持谦逊的态度婉言劝之，让领导感受你的真诚。

沟通技巧

1 敢于说出自己的想法

　　只要你进谏的内容是有意义的，并运用一些技巧，成功劝谏并不是不可能的事。放低姿态并不是说要和领导绝缘，一个不和领导有接触的人怎么可能赢得领导的好感？更别说让领导接受你的想法和意见了。

2 诚恳稳重地应答

　　良好的态度会凸显你的素质和修养，更能传达你的建议的诚意。而很多人只想着开口说话的技巧，却忽略自己响应别人的态度。也有些人心直口快，讲话不经大脑，常常离题或驴唇不对马嘴，这样的回话态度对沟通上没有任何帮助可言，因此，在应答之前，你应该仔细聆听，先弄清楚对方话里的含义与重点，再做出适当的回复，然后诚恳稳重地应答。

3 提出谦虚的评断

　　忠言也可以顺耳，这就看你说话的态度与用字遣词。如果你的出发点是好的，但是没有注意评论的时机与场合，踩到领导的"雷区"，那么，你也达不到正确评断的效果。这就需要我们细心地观察，当领导有足够的时间与接纳的情绪时，才是你评判的最佳时机。

遇到言语攻击，把问题重新"踢"给对方

在一些沟通场合，双方为了达到自己的目的，往往都会使出浑身解数、想尽办法。有时，我们会遭到对方的百般刁难，肆意制造各种难题来向我们施加压力，意在置我们于弱势地位，让我们接受其提出的条件。其实，这个时候，我们完全有办法"以其人之道，还治其人之身"，即用"踢皮球法"把问题重新"踢"给对方。当然，这需要我们善用沟通的技巧。

事实上，那些深谙谋略且具备一定的沟通智慧的人，他们不管在何种场合，遇到什么样的对手，都能唇枪舌剑，以超人的智慧，应对自如，无论对手使出什么样的招数，他们都能巧妙应对。这是因为他们总是能洞察对手的心机，即使对方采取恶意的攻击，也能适时采取各种语言策略加以反击，而"踢皮球"就是他们常用的手法之一。

采用"踢皮球"这一策略，不仅可以克敌制胜，还可以识破对方的伎俩，不至于处于被动。当然，这也要我们根据实际情况因人而异、因时而异，灵活变动。

沟通技巧
GOU TONG JI QIAO

1 在反击之前，一定先要把对方的话语听明白

一旦听懂了对方的用意，发现对方有明显的攻击意味，你就要提高警觉，及时做出判断。这么做在方法上，往往要捡起对方扔过来的石头，扔回给对方，或顺水推舟巧妙地将矛头转向对方。

2 把问题再"踢"给对方

当然，你不可能对对方所要玩弄的任何花招都防患于未然，

反问的应变对策也适用于事后补救。如果对方提出的要求极不合理，你也可以用极苛刻或不切实际的提法要求对方，如此一来，对方就不得不收敛起他那盛气凌人的态度。

3 **在遇到对方的语言"雷区"时，一定要沉着冷静**

　　应用迂回的策略，保护自己的利益。如果正面回答，那么，很可能就撞在对方的枪口上。

多说点软话，俘虏"吃软"的人

我们都知道，人与人沟通要达到目的，必须运用沟通技巧，但运用沟通技巧，也必须针对沟通对象的年龄、性别、职位等不同，采取不同的沟通策略。我们发现，有这样一类人，他们看上去比较"强势"，但很多时候是因为过度自卑，与这种人交往，你若"硬碰硬"，对方往往会觉得自己没面子。其实，在这种人面前，不如"示弱"，反倒能达到沟通目的。

> 亨利·福特是汽车界的巨头，他经营着一家贸易公司，这家公司的业务太忙了，以至于福特的办公桌上每天都堆满了各种催款账单。通常，福特看见这些账单，一般会丢给经理，让经理自己看着办，但有一天，福特却一改这样的工作习惯。
>
> 这天，福特看到一张催款账单，他二话没说，就对经理说："马上付钱给他。"
>
> 经理觉得很奇怪，就看了下这张账单，乍一看，这张账单和其他人的并没有多少区别，都有标价、金额、货物明细等，但最后，却还画着一张头像，头像正在流眼泪。

其实，这个催款人并不一定已经到了因为急需用钱而流泪的地步，这也许是他的小计谋而已，为的是引起对方的重视，或者博得对方的同情，但事实证明，他的方法奏效了。

同情弱者是人的天性，再铁石心肠的人，内心也有颗同情的种子，而对于那些"吃软"的人，这招更是有效。在与他们沟通时，我们不妨抓住他们的这一心理，在言语上适当示弱，在对方放松戒备时，再提出我们的要求，达到我们的目的也就容易得多。

　　生活中，我们常常会听老人们说："软刀子更扎人！"其实，这就是说软话的作用。当然，这并不是真的要我们装可怜，而是要掌握说话的技巧。我们在谈话的过程中，要硬话软说，同时，我们的态度要不卑不亢。

👆 沟通技巧　　GOU TONG JI QIAO

　　那么，具体来说，我们该怎样向这类"吃软"的人服软呢？

1 扬人之长，揭己所短

　　使用这一沟通策略的重心在于不着痕迹、不卑不亢地把心理优势让给对方，从而潜移默化地达到我们的目的。相反，如果我们死守自己的立场，不肯示弱的话，一定迎来的不是谈话的僵局就是失败。

2 硬话软说，不卑不亢

　　其实，在这里，我们所说的示弱并不一定以眼泪才能博得对方的同情，只不过是一种沟通的技巧。也就是说，我们在沟通过程中，要硬话软说，同时，态度要不卑不亢。

　　总之，如果我们沟通的对象是"吃软"的人，那么，我们说话不可太强硬，要想让交谈结果朝着我们希望的方向发展，就需要学会适当示弱，激发对方的同情心，令其放松戒备的心理，此时，我们就掌握了交谈的主动权，从而更容易达到我们的目的。

第04章
话不说满：
说话要给别人留面子，
为自己留余地

人生在世，做人做事都离不开"分寸"二字，宋玉在《登徒子好色赋》中写到"东家之子，增之一分则太长，减之一分则太短"，这隐喻的就是一种分寸。为人处事，讲规矩，懂分寸，才能进退自如。其实说话也是如此，在人际沟通中，也不要把话说满，这样既能给自己留面子，也能为自己留余地，只有这样才能取得事业上的成功和朋友们的尊重、信任。

懂得变通，不把话说得太绝

在生活中，人们常说"话不说满，事不做绝"。因此，我们在与人沟通时也要提醒自己，要给自己留余地，使自己可进可退，这好比在战场上一样，进可攻，退可守，这样有了牢固的后方，出击对方，又可及时撤回，仍然处于主动地位。虽说未必就是战无不胜，但也不会出现一败涂地的现象。

事实上，把话说得太绝，是不懂变通的表现，也会让思维和言行朝着一个方向发展而不知转弯，从而走向极端。一个真正成熟的人，应该在每一个不同的发展过程中冷静地处理问题，从各个方面进行考虑，说出的每一句话能够有一个回旋的余地。

三国时期蜀国大将关羽，有着万夫不当之勇，华雄、颜良、文丑等有名的战将都是他的手下败将，他也是自古以来人们敬仰的真英雄。在曹营中，为了前往刘备的驻地，他勇猛无敌，一路过五关斩六将，所向披靡，使人闻风丧胆。但真英雄也有弱点，正是因为战功卓著、为人敬仰，他也逐步形成了骄傲自大的弱点，认为自己再无对手。后来刘备成为汉中王，封关羽、张飞、赵云、马超、黄忠为"五虎上将"，关羽居首。当他知道黄忠也位列"五虎上将"中，顿觉丢失了面子，气冲冲地说："黄忠何等人，敢与吾同列？大丈夫终不与老卒为伍？"好在，黄忠性格温厚，没有和他一般见识。

后来，关羽负责驻守荆州，与孙权成为邻居。孙权本想改善两人关系，遂从中斡旋、派诸葛瑾前去提亲，想让孙权的儿子和关羽的女儿结为夫妻。这样就可以结两家之好，并力破曹，巩固吴蜀的政治联盟。

然而，令孙权自己都没想到的是，关羽根本瞧不起他，对于诸葛瑾前去提亲一事，关羽则大骂："吾虎女安肯嫁犬子乎！"这下倒好，本来可以亲上加亲的事，现在却反目成仇。

孙权听说之后，气愤至极，下决心一定要除掉关羽。没多久，就派吕蒙攻下荆州，关羽败走麦城，最终身首异处。

子曰："乱之所生也，则言语以为阶。君不密则失臣，臣不密则失身，几事不密则害成。是以君子慎密而不出也。"关羽的自大最终给自己带来了悲惨的结局，也最终让刘备兴复汉室的愿望因为失去了荆州这一兵家必争之地而夭折。

总之，智慧的人懂得掌握说话的分寸，从不会信口开河，以免日后陷入绝境。我们在说话的过程中也应该学会给自己留有余地。

沟通技巧
GOU TONG JI QIAO

1 话不要说过了头，违背常情常理

我们在说任何话的时候都应记住，如果太过，违背了事物的常理，就会留下被人指点的话柄，这中间需要我们把握好度。

2 话不要说得太绝对

世间任何事物都是相对的，而不是绝对的，所以沟通时也不要把话说得太绝对。

3 说话要前后一致

在和他人讲话时，还要注意自己说话的逻辑，不能前后矛盾。因为，你说话矛盾的地方就是漏洞，也是易受到他人攻击的地方。

含蓄表达，不可太直接

在我们生活的社会中，总会遇到一些不平之事，而我们无法直言不讳；总会遇到一些贪婪无耻之人，而我们又不可大胆批评；总会有一些我们左右为难的时候，让我们的话说也不是，不说也不是，该怎么办呢？此时最好在不会给自己带来麻烦，也不会伤害别人的前提下，采用隐晦、含蓄的语言给别人提个醒，表达出自己的不满和意见，这是非常好用而又富有智慧的沟通方式。

其实，自古以来，中国人最欣赏和提倡的说话方式是委婉含蓄的。因为委婉含蓄既能表达出自己的意志，又能照顾听者的心情，做到点到为止，达到曲径通幽的效果。言者和听者的心情都是愉悦的，哪怕无法达成相同的观点，也不会丢了双方的面子，避免争吵和反目成仇，有效地遏制了矛盾的扩大化，取得不可言传但能意会的效果。

在现实生活中，有许多聪明的人，能够用比较委婉的方式表达意见，从而取得良好的效果。

在一家科技公司，新产品开发会议正在热烈进行。技术部经理王先生提出了一项创新方案，却引来了市场部经理李先生的担忧。

李先生没有直接否定，而是先赞扬了王先生的创新精神，然后温柔地指出："消费者更看重实用性，希望产品能解决生活中的问题。"为了支撑自己的观点，李先生分享了市场调研数据和案例，说明了实用性在消费者心中的重要性。他的话语温和而坚定，既表达了担忧，也传递了合作的信息。

最后，李先生建议："在保证实用性的基础上，我们可以逐步融入先进技术。相信通过大家的努力，我们能打造出既符合市场需求又具技术含量的新产品。"

　　王先生听后，非但没有生气，反而对李先生的观点表示了认同。会议在和谐氛围中结束，团队达成共识，确定了新产品的开发方向。

　　可见，无论是在人际交往中，还是在商业谈判中，最有效的沟通方式就是迂回战术。很多情况下，直接的沟通方式完全不起作用，此时，温婉、迂回的说话方式能点明对方，不但能解决问题，还不会让对方失去面子。

沟通技巧　GOU TONG JI QIAO

1 注意沟通技巧的有效性

　　不能词不达意，让听者产生误解，要做到正确地引导听者了解自己的意图，做出正确而又有价值的判断。

2 用暗示的话语拒绝

　　沟通中，当你想拒绝别人而无法开口时，可以用暗示法来拒绝，抹去对方遭到拒绝时的不愉快感。这样，对方既能接受，也不伤和气，更不至于令对方难堪。

无声战术，沉默是金

我们可能有过这样的感觉：那个与你仅有一面之交便一览无余的人，你会觉得索然无味，因为他说的话太多；而那个一直保持沉默的人，你不仅对他印象深刻，还有种很神秘的感觉，并产生了探寻他内心世界的愿望。的确，"沉默是金"，这不只是一句简单的成语，更是我们在人际沟通中应该学会的谋略与智慧。有道德者，绝不泛言；有信义者，必不多言；有才谋者，不必多言。多言取厌，虚言取薄，轻言取侮。可见，"千言万语"有时并不是什么好事，沉默才能保护你，一个说话极随便的人，一定没有责任心。话多不如话少，话少不如话好，多言不如多知。多言是虚浮的象征，因为通常情况下，人们都觉得口头慷慨的人，行动一定吝啬。

一家公司的保险库被盗，丢失大量珍贵物品。经过调查，警察将目光锁定在了保管员杰克的身上，就传讯了他。

审讯员问他："听人说，你是一名电脑高手，从我们掌握的资料上来看，作案者也是一名电脑高手。这名犯罪分子侵入了公司的安保系统，让所有的保护设施全部失效，你对此有什么看法吗？"

杰克回答说："在这个问题上我有权保持沉默，因为这事和我一点关系都没有。"

审讯员继续追问："既然你是一名电脑高手，为什么却甘心做毫无前途可言的保管员呢？"

杰克回答说："这是我的自由，你管不着。"

审讯员无奈只好退出，由老探员乔恩来审讯。

乔恩一言不发，只是用眼睛死死地盯住杰克。杰克慌了神，说："你有什么要审问的，只管问好了，别在这里浪费时间。"

乔恩依然不说话，还是一直盯着杰克。很快，杰克承受不了了，眼珠乱动，浑身打战。乔恩抓住时机怒喝一声："老实交代，你究竟把那些物品藏到哪里了？"

"这个，这个……"结结巴巴的杰克慌了神，最后，不得不主动交代了一切。

在很多人的印象中，一般认为那些善于沟通的人都有较好的口才，能够用语言打败对方，让对方折服。其实，这种方式未必有效，在适当的时候采取沉默战术，往往能够取得更好的沟通效果。

在生活中，我们经常会面对一些防御心非常强的交流对象。和他们沟通，无论你多么耐心、多么委婉，也无论你采用什么样的方式，都不能让其听从你的建议。遇到了这种情况，我们就应该采取沉默的方式。事实上，这种方式往往能够收到非常好的效果。

👆 沟通技巧

1 话不在多而在精

竞争激烈的现代社会，保持沉默是最明智的生存之法。与人打交道的过程中，少言寡语、多做少说的人会给人一种稳重的感觉。

2 沉默不是吃亏的表现

沉默并不代表默默承受别人的侮辱，而是要多用眼睛去看，多用耳朵去听，多用脑袋去思考；并不是没有自己的意见，而是谨慎地做出结论。

语言模糊，随机应变

生活中，我们常说别人说话"装糊涂"，其实这是一种重要的沟通方法，也体现了一个人随机应变的能力。在一些不必要，或者不可能把话讲得过于清楚的情况下，完全可以运用这种表达方式，既避免了紧张的气氛，又让自己得以解脱，同时还不会给别人带来负面的心理影响。

所谓模糊语言法，就是用模糊语言来应对他人的谈话，这种方法从表面上看是对谈话者有了交代，但实际上却没有提供任何有价值的信息，从而达到委婉应答的目的。

的确，在现实生活中，有很多的事情会在我们没有思想准备的情况下发生，也有很多的问题会让我们感到左右为难。在这种情况下，如果选择沉默或者拒绝，不免会给交际双方带来不好的影响，也会让自己在别人心中的印象大打折扣。在这种时候，我们不妨用模糊的语言来做出回答。

生活中，面对一些不好回答的问题，我们也可以运用这一方法。比如，当别人问你月薪是多少的时候，你不妨说："聊以糊口罢了。"如果有人问你是怎样结识了一个大人物的时候，你不妨说："这是个很复杂的过程，等以后有时间了，我再详细地告诉你。"当别人打听到你父亲的朋友就是你所在公司的领导时，故意问你："你在这家公司应该不错吧？"你可以说："全托您的福。"这些回答既显示出了你的热情，又巧妙地躲避掉了那些不愿意回答的问题。

任何一个深谙沟通技巧的人，都懂得模糊语言的正确运用。这是一种随机应变的能力，这样既不会因为生硬的拒绝给对方带来不快，又能够保全双方的面子，从而避免了后顾之忧，还能够避免最终事与言违的尴尬和承担后续的责任。

沟通技巧

1 **在合适的场合使用模糊语言**

当你遇到一些不必要、不可以把话说得太死的情况时，你就可以运用这一方法。

2 **模糊语言可作为应急之策**

模糊的语言可以作为一种缓兵之计，当别人问你一些你没办法回答的问题的时候，如果委婉拒绝不能起效的话，你就应该用一些模糊的语言来搪塞一下。

3 **表达要灵活**

模糊语言的表达形式是多种多样的，如闪烁其词、答非所问、避重就轻等，但归根结底就是不要把话说得太死，给自己的语言留有余地，也在给对方留足颜面时，为以后的交往留下更多的可能性。

第 **05** 章
适时变通：棘手事件
处理游刃有余

　　现实生活中，我们与人沟通，都希望沟通顺利进行，但事实是，在具体的交谈中，由于诸多问题，经常出现多种多样的棘手事件，比如被人误会、质疑、挑衅，或者因为自身语言失误而陷入尴尬境地。此时，就需要我们具备一定的变通能力，根据具体的情况分析调整自己的语言并找到最佳沟通对策，以此让沟通顺利进行。

临危不乱，幽默法化解各种窘境

生活中，我们每天都会接触到很多人、很多事，免不了与人沟通。但在沟通过程中，我们不可能绝对掌控沟通场景，有时候，沟通难免陷入尴尬境地，那么，此时，我们该怎么办呢？化解尴尬的方法自然有很多，但最好的方法莫过于幽默法。事实上，当交流陷入尴尬的境地时，无论是名人还是普通人，无论是随机应变还是荒诞的处理，一些幽默技巧的运用，可以让自己摆脱尴尬，有时甚至还会回敬对方，这就是幽默的效用。

> 一场多年未遇的大雪过后，人们大多选择公交出行，公交车上挤满了乘客。公交车艰难地向前移动，猛然一个急刹车，所有乘客的身子顿时集体前倾。一个小伙子猝不及防，在前倾过程中，嘴巴恰好贴到了旁边一位中年女士的脸颊上。
>
> 小伙子（红着脸）："大姐，实在对不起啊！"
>
> 女士（脸也红着）："唉，都挤成这样了，没关系的。"
>
> 小伙子："可不，车上这么多人，咱只能是无性别乘车了。"
>
> 女士："那倒也是，不过您还是握紧扶手，再来一次姐姐就不干了。"
>
> 女士的话音落下，全车人都被他们逗笑了。

生活中许多难言的尴尬，其实都可以用幽默的方式化解。这位男士是幽默的，更是机智的。因此，要想利用幽默言辞化解尴尬，就必须有迅速的反应。因为幽默就像击石产生的火花，是瞬间的灵思。反应灵敏才能说出幽默的语句，才可能化解尴尬的场面。

在与人沟通的过程中，幽默能显示我们蓬勃的人格力量和旷达的生活态度，更能显露我们的睿智与才华，展示我们的风采与魄力。如果遇到意外的事件，或者难以直接回答的问题，可用幽默诙谐的方法来摆脱窘境，给自己下台阶的机会。不必捧腹大笑，有时一个微笑、一个小小的恶作剧，就会让你豁然开朗，拨云见日。

但必须强调，幽默并不是讽刺，它或许带有温和的嘲讽，却不刺伤人。在社交场合，说话带些风趣和幽默更能体现出一个人的修养和礼仪，也表现出其人格魅力。

沟通技巧

1 心态平和能更好地发挥

在沟通陷入窘境时，首先要保持冷静，只有这样，才能搜罗头脑中的幽默素材，在最短的时间内找到应对的方法。

2 幽默要出其不意

制造幽默、开玩笑，目的是让大家笑，为此，关键是你自己不能先笑，更不能提前给听众"打预防针"。假如笑话还未开始，你便说："我讲个笑话给你听，这个笑话可好笑了！"这样，对方便会产生一种心理机制，他们在内心会产生一种想法：你的笑话肯定不好笑，你才会这么说，我就不笑给你看！所以，讲笑话前一定不能事先透露，出其不意才能制造幽默。

巧打圆场，让他人感谢你的善解人意

生活中，在一些沟通场合，人们都希望双方的交谈能在轻松愉快的氛围中进行，使每个人都身心愉悦，随着交谈的深入，双方的关系能进一步加深。但实际上，人们在交谈时也会因经验或能力不足而面临尴尬，或与客户争吵，或被上司批评，或被同事嘲笑等。此时，如果我们能巧妙地打圆场，帮彼此找到一个台阶，从而摆脱难堪的局面，那么，对方一定会对我们产生好感，有利于交谈的进一步进行。

老诗人严阵和一位青年女作家访问美国，在一所博物馆前的广场散步时，恰巧有两位美国老人在旁休息，看见中国人来，他们很热情地迎上来交谈。其中一位老人为表达对中国人的感情，热烈地拥抱那位女作家，并亲吻了一下，女作家十分尴尬，不知所措。另一位老人也抱怨那位老人说，中国人不习惯这样，那位拥抱过女作家的老人像犯了错误似的呆立一旁。老诗人严阵赶快上前微笑着说："呵，尊敬的老先生，你刚才吻的不是这位女士，而是中国，对吗？"那位老人马上笑道："对，对！我吻的是中国！"尴尬气氛在笑声中烟消云散了。

老诗人严阵的一句打圆场的话，解除了因亲吻而带来的尴尬。而从这个"犯错"的外国老人的角度看，他一定也从心里感激严阵给他的这个台阶。所谓打圆场，是指交际双方争吵或处于尴尬处境时，由第三者出面进行调解的一种方法。打圆场运用得好，有利于打破僵局，解决问题，还可以消除误会、缓和矛盾、平息争端、联络感情。

沟通技巧

　　在打圆场这个问题上，以下是几点建议，我们可以根据实际情况来进行灵活运用。

1 找个借口，给对方台阶下

　　一些人之所以在交谈时陷入尴尬，是因为他们做了不合时宜的事，说了不合情理的话等。而要打破这一局面，可以从人们不容易看到的方面入手，就这些有悖常理的话和行为做出另一番解释，以证明他的行为和语言是无可厚非的，这样一来，双方的尴尬解除了，而我们在无形中也多交了一个朋友。

2 侧面点拨

　　不直言相告，而是从侧面委婉地点拨对方，使其明白自己的不满，打消失当的念头。

3 转移话题，制造轻松气氛

　　当尴尬或僵局出现时，有些人由于冲动，往往会在一些问题上互不相让。在打圆场时，不妨岔开他们的话题，转移他们的注意力。

4 审时度势，让各方都满意

　　沟通时，产生矛盾的双方若就某一问题争论起来，此时，是很难说清楚谁对谁错的，而作为调解者，在调解时应一碗水端平，不可厚此薄彼。并对双方的优势和价值都予以肯定，在一定程度上满足他们的自我实现心理，在这个基础上，再给出双方都能接受的建设性意见，这样就容易为双方所接受。

面对挑衅，从容应对

生活中，每个人的思维和行为方式都是不一样的，我们不可能让每个人都喜欢我们，甚至总会有一些人对我们的言行不屑一顾，这都是很正常的，我们无须生气，更不需要反击。如果我们做出反击的行为，那将表示我们跟对方一样心胸无比狭窄。所以，在人际沟通中，当我们遇到他人的挑衅时，不妨学着淡定一点。

林肯当选美国总统的那一刻，整个参议院的议员都感到十分尴尬，因为林肯的父亲是一个鞋匠。当时美国的参议员大部分出身望族，他们自以为是上流社会优越的人，从没想过所面对的总统竟然是一个出身卑微的人。

当林肯站在讲台上的时候，一位态度傲慢的参议员站起来说："林肯先生，在你开始演讲之前，我希望你记住，你是一个鞋匠的儿子。"顿时，所有的参议员都笑了起来，为自己可以羞辱林肯而开怀大笑。这时，林肯不卑不亢地说："我非常感激你使我想起我的父亲，他已经过世了，我一定会永远记住你的忠告，我永远是鞋匠的儿子。我知道我做总统永远无法像我父亲做鞋匠那样做得那么好。"所有的参议员陷入了沉默，这时，林肯对那位傲慢的参议员说："据我所知，我父亲以前也为你的家人做过鞋子，如果你的鞋子不合脚，我可以帮你改正它。虽然我不是伟大的鞋匠，但是我从小就跟父亲学会了做鞋子这门手艺。"

然后，他扫视全场的参议员，说道："参议院里的任何人都一样，如果你们穿的那双鞋子是我父亲做的，而它们需要修理或保养，我一定尽可能地帮忙。但是有一件事是可以确定的，我无法像他那么伟大，他的手艺是无人能比的。"说到这里，他流下了眼泪，顿时，全场爆发出热烈的掌声。

对于参议员的挑衅，林肯选择了淡然待之，他只是道出了父亲的伟大，正是这一点，打动了在场的参议员们。

在人际沟通中，我们可能也会面对别人的挑衅，但这并不意味着自己毫无价值。别人看轻你，没有关系，只要你看重自己就行了。如果别人肆意侮辱，而那些侮辱的言辞是毫无根据的，不要生气，你只需要采取置之不理的态度，淡然面对，这样才会体现你超凡的人格魅力。

沟通技巧
GOU TONG JI QIAO

1 先冷却情绪

在气头上，你很容易因冲动而采取一些措施，为此，你首先要做的就是冷静，为自己的情绪降温。

2 理智思考，替换非理性的"自发性念头"

你要明白的一点是，真正让你产生不良情绪的，是你的想法，而不是别人的行为。换句话说，不是发生了什么事，而是你如何解释事件，这会决定你的情绪。

3 使用建设性的内心对话

既然想法是情绪产生的主因，容易动怒的人就应该加强心理建设。例如："无论如何，我都要平静地说，慢慢地说。""我才不会生气，生气就等于暴露了自己。"

当你能熟练使用以上"灭火"步骤时，就会发现，无论对方如何激你，你都能平心静气地面对，也不会中对方的圈套。

适时自嘲，调整沟通策略

在你身边，什么样的人最受欢迎？你一定会回答：有幽默感的人。因为有了幽默感，他们更善于与其他人沟通，即便表达反对意见也不会让人反感；因为有了幽默感，他们总会成为聚会的主角，人人都愿意和他们聊上几句……而最受欢迎的幽默方式是什么？答案一定是自嘲。自嘲不仅是一种生活的艺术，更是一种自我帮助，它能帮助人们在沟通陷入窘境时自我解救。当然，自嘲并不是人们所说的逆来顺受、不思进取，而是一种随遇而安的心态。

> 在一次盛大的招待宴会上，服务生倒酒时，不慎将酒洒到了坐在边上的一位宾客那光亮的秃头上。服务生吓得不知所措，在场的人也都目瞪口呆。而这位宾客却微笑着说："老弟，你以为这种治疗脱发的方法会有效吗？"宴会中的人闻声大笑，尴尬场面即刻被打破了。

借助自嘲，这位宾客既展示了自己的大度胸怀，又维护了自我尊严。有幽默感的人大多不会使用激烈的言辞，而是讲求寓深远于平淡，藏锋芒于微笑。

要想做到自嘲，就要保持一颗平常心。平常心，就是不被名利所累，不为世俗所牵绊，不以物喜，不以己悲。这不是很容易就能做到的。只有树立了正确的人生观、价值观，对名利地位、物质待遇等采取超然物外的态度，才能心怀坦荡、乐观豁达，才会敢于自嘲。

总之，人际沟通中，自嘲是不可多得的灵丹妙药，别的招不灵时，不妨拿自己来开涮，至少自己骂自己是安全的，除非你指桑骂槐，一般不会讨人嫌。智者的金科玉律便是：与其嘲笑别人，不如嘲笑自己。

沟通技巧

具体来说，我们在自嘲时，可以针对这些方面。

1 笑笑自己的长相

笑自己的长相，或笑自己做得不很漂亮的事情，会使我们显得较有人性，并给人一种和蔼可亲的感觉。

2 笑笑自己的缺点

有时你陷入难堪是自身造成的，如外表的缺陷、言行的失误等。自信的人能较好地维护自尊，自卑的人往往容易陷入难堪。对影响自身形象的不足之处大胆巧妙地自嘲，能出人意料地展示你的自信，在迅速摆脱窘境的同时显示你潇洒不羁的交际魅力。如你"海拔"不高，不妨说自己体积小力量大，浓缩的都是高科技；如其貌不扬的你找了一个美丽的女朋友，不妨说"我很丑但我很温柔"。

遭遇尴尬提问，用"太极术"应对

日常生活中，我们任何人都免不了要与人沟通，在沟通时我们常常会遇到这种情况：对方的提问让我们陷入尴尬，难以作答。对此，无论对方的提问是善意还是恶意，是委婉还是直接，是温和还是激烈甚至恶毒……我们都需要认真分析、冷静思考，弄清楚对方的心态与动机，然后避免直接回答，也就是要采用人们常说的"太极术"巧妙应付。

> 有一位聪明的那先比丘，从他的智慧事迹中，可以知道他是一个很了不起的人。
>
> 有一次，弥兰陀王非难那先比丘："你跟佛陀不是同一个时代，也没有见过佛陀，怎么知道有没有佛陀这个人？"
>
> 聪明的那先比丘就反问他说："大王，您的王位是谁传给您的呢？"
>
> "我父亲传给我的啊！"
>
> "您父亲的王位是谁传给他的？"
>
> "祖父。"
>
> "您祖父的王位又是谁传给的？"
>
> "曾祖父啊！"
>
> 那先比丘继续问："这样一代一代往上追溯，您相不相信您的国家有一个开国君主呢？"
>
> 弥兰陀王正容回答："我当然相信！"
>
> "您见过他吗？"
>
> ……

这里，我们发现，弥兰陀王对那先比丘的提问并不是善意的，对此，那先比丘并没有直接反驳，而是采取借力打力的方式，用类比法让对方的观点不攻自破。

现实社会中，我们与人沟通，也可能会遇到这种情况，对于对方的提问，我们无法正面回答，此时，我们不妨也采取这种方法，打好"太极术"。本能的反击、慌乱的回答，有时候不仅不能帮助我们解除尴尬，反倒让我们陷入新的尴尬之中。

👆 沟通技巧

GOU TONG JI QIAO

1 转移话题

比如你可以说："说起工资的事情，你知道咱们市长挣多少钱吗？""我老婆？这倒提醒我了，你猜我刚才看到谁的夫人了？"

2 拒绝回答

拒绝要讲究方式。比如说："噢，我觉得这个很难回答。""对不起，这个是我的秘密，我得保守。"

3 装作没有听到对方的发问

你可以随意插入一些无关紧要的话题："我今天学到了一个非常有效的杀死蟑螂的方法。"

4 保持沉默

有时候沉默也是一种好方法，你可以淡然一笑，对方就会感觉自己的问题有点唐突了。

被人误会，如何沟通才能及时消除

人与人打交道，难免会产生一些误会，但我们不能小看这些误会，它随时可能吞噬掉你周围的一切，甚至你自己。误会可能导致人与人之间产生摩擦，人际纷争；误会可能导致志同道合的朋友分道扬镳；误会可能导致如胶似漆的恋人劳燕分飞……可见，误会常常会给我们带来痛苦，造成伤害。而此时，就体现了沟通的重要性，只有我们宽宏大量一点，并及时寻找机会，解释清楚，才能让矛盾少一些，快乐多一些。

莎士比亚曾说：不要因为你的敌人而燃起一把怒火，热得烧伤你自己。因小事而起争论，必会越闹越大，也会使彼此的误会更深，所以，面对不快和隔阂，不如放宽心态，以包容的态度待人，既避免了敌对中彼此伤害，也能得到他人的尊重，这才是双赢的选择。

当然，误会产生的原因有很多，解决的方法也有许多，只要你用心去寻找，那么误会终将被化解。当误会产生时，首先要理性地分析误会产生的原因。在发现问题的症结后，就要主动采取化解误会的行动，可以采取直接的，也可以用间接的，总之要达到化解矛盾的目的。这样一来，彼此间感情就会加深，关系自然就会融洽。

可见，生活中，当你与人产生误会以后，不要憋在心里，更不要碍于面子不进行辩解，以致误会越来越深，不妨采取一些措施，并及时沟通，为自己进行恰当的辩解。当然，为了不造成损失和遗憾，你最好尽量避免误会的产生，不要轻易地误解他人，也尽量不要被别人误解。

👆 沟通技巧

1 找出被误解的原因

你必须下一番功夫内查外调，搞清楚对方的误解源于何处，否则任凭你费多少口舌，也解释不清楚。搞不好还会越描越黑，弄巧成拙。

2 消除自我委屈情绪

出现误会后，有些人不为自己辩解，总以为自己正确、有道理但不被理解。心中怀有委屈情绪的人，必定不愿开口向对方做解释，这种情况阻碍彼此间的交流。总之，应多替对方着想。无论他是气量小、心胸窄还是不了解真相、不了解你的一番苦心，都不必去计较，只要你真诚地向他表明心迹，那么，误会便会消失。

3 鼓起勇气，当面说清

要记住，如果有误会需要亲自向对方说明，你千万不要找各种借口推脱，一定要克服困难，战胜自己，想方设法当面表明心迹。

4 态度要诚恳

本来，彼此之间就存在误会，要想消除误会，首先你要表现出自己诚恳的态度，诚恳具有感召、感化、感动的效果。态度是否诚恳，对方一下子就能看出来，如果是虚情假意，别人会更加警觉，内心抵触情绪更大。

第06章
管住舌头：
狂言不出，麻烦不来

　　在很多时候，沟通之所以产生障碍，并不是因为口才方面的问题，而是人们没有把握说话的度，比如开玩笑过火、说话夸大其词、口无遮拦等，这就告诉我们，与人沟通，不要只顾滔滔不绝地说，还应该管住自己的舌头，什么该说，什么不该说，都要有分寸，只有这样，才能在沟通时恰如其分，才能达到良好的沟通效果。

沟通时贴心一点，迅速收买人心

我们都知道，与人沟通的过程中要想让他人从内心真正接受我们，是需要一个过程的，这个过程就是良好印象不断累积的过程。的确，那些沟通能力强的人多是那些贴心的，让别人觉得"了解我""信任我""接纳我"的人。因此，如果你认真努力地去了解别人的心意，大家就一定会蜂拥而来，抢着成为你的朋友。

所以，我们千万不可趾高气扬、目空一切、不可一世，无论你有怎样出众的才智，都不要把自己看得太了不起。你要做的是多从他人的角度考虑，说话贴心一点，只有这样，才能获得他人的支持。

曾经有个落魄作家，他的成功就来自他朋友的长期帮助。他在离家出走的时候，被他的朋友发现并收留了。刚开始，他根本没有想到要写书，他是个工人，可是随着社会大潮的一步步推进，他最终下岗了。他伤心地告诉他的朋友，他的工作丢了，他是一个大失败者时，他的朋友却信心十足，并且很高兴地说："现在，你可以写你的书了，我一直是你最忠实的读者！"

"不错"，作家说，"可是我写作时，我怎样维生？"他的朋友打开抽屉，拿出一堆钱来，说道："这是我这些年来的积蓄，够你生活一年了。"

他热泪盈眶，欣喜不已。

替别人着想是一种美德，是解决问题的首要途径。换个角度来讲，替别人着想，不仅释放了自己，改善了自己的心境，还能减少人际矛盾，让彼此关系更进一步。

沟通技巧

1 **凡事多询问对方的意见和想法**

　　询问与倾听，不仅能防止自己为了维护个人权利而侵犯他人，还能帮助我们鼓励对方说出自己真正的想法，了解他们的意愿与感受。懂得沟通艺术的人，都是善于通过倾听来获得他人好感的。

2 **说话要有耐心**

　　耐心地说话，不仅有利于对方听懂你的意见，更能让你慢条斯理地理清思绪。

沟通时换位思考，是高明的语言策略

生活中，与人沟通时，当我们希望对方接受我们的观点的时候，是否已经习惯了从自身的角度考虑问题呢？是否已经习惯了只顾把自己的观点传达给对方呢？这无可厚非，但当你慷慨陈词的时候，你是否注意到对方情绪的变化呢？当你针锋相对反驳对方的时候，你是否发现对方的脸色由晴转阴了呢？当你一句扫兴的话给对方泼了冷水的时候，你是否发现对方已经兴致全无并有意终止交谈呢？

有个著名的心理策略——换位思考，就是完全转换到对方的角度思考，从而更理解人、宽容人。这要求人们在观察处理问题，做思想工作的过程中，把自己摆放在对方的角度，对事物进行再认识、再把握，以便得到更准确的判断，说出的话才能真正说到别人的心窝里。

陶行知在中国的教育界几乎无人不知。陶行知在育才学校任校长的时候，学校里有一个叫王友的学生，是学校中颇有名气的"孩子王"，经常惹是生非，屡生事端。一天，陶行知看见王友用土块砸一个同学，当即制止了他，并叫他放学后到校长室去。放学之后，陶行知从外面办事回来，远远地看见王友在校长室门前徘徊等候，于是，他赶紧把王友请进校长室。

一见面，陶行知却掏出一块糖果送给他，并说："这是给你的，因为你按时来到这里，而我却迟到了。"王友惊疑地接过糖果。随之，陶行知又掏出一块糖果放到他手里，说："这块糖果也是奖励给你的，因为我不让你再打人时，你立即就住手了，这说明你尊重我，我应该奖励你。"王友更惊疑了，他眼睛睁得大大的。陶行知又掏出第三块糖果塞到王友手里，说："我调查过了，你用土块砸那些男生，是因为他们不守游戏规则，欺负女生；你砸他们，一定程度上说明你很正直善良，有跟坏人做斗争的勇气，所以，应该奖励你啊！"王友感动极了，他流着眼泪后悔地说道："陶……陶校长，你……你打我两下吧！我错了，我砸的不是坏人，而是自己的同学呀！"

陶行知满意地笑了，他随即掏出第四块糖果递过去，说："因为你正确地认识错误，我再奖励给你一块糖果，可惜我只有这一块糖果了，我的糖果用完了，我看我们的谈话也该结束了吧！"

这就是陶行知与四块糖的故事。这"四块糖"折射出了陶行知高超的批评艺术。生活中的我们，在与人沟通时，如果能做到多一点将心比心的理解，多说一点善解人意的话，那么，语言表达就容易引起对方的共鸣，一种独特的亲和力也就寄寓其中了。

👆 沟通技巧   GOU TONG JI QIAO

1 沟通时目的性别太强

一些人在说服他人的时候目的性太明显，这无疑会加重对方的种种疑虑。所以，我们要更多地站在对方的立场上考虑问题，要让对方明白你是在诚心诚意地替他着想。

2 说话顾及对方的面子

与人相处，需要相互尊重。在与人沟通时要注意顾全他人的面子，关注照顾对方感受，考虑方式方法，做到将心比心，设身处地，而千万不要只图自己一时的痛快。

凡事有度，开玩笑要注意分寸

日常沟通中，开得体的玩笑，可以松弛神经，联络感情，活跃气氛，因而诙谐幽默的人常常会受到别人的喜爱。不过，开玩笑也要讲究分寸，如果玩笑开得不好，不仅达不到聊天的目的，还可能适得其反，伤害彼此的感情。

孝武帝司马曜在位期间，遇到了军事史上堪称奇迹的"淝水之战"。他是一个有作为的皇帝，但也是个享乐主义者。司马曜平生有两大爱好，一是喝酒，二是开玩笑。他嗜酒如命，酒喝得邪乎，玩笑常常也开得让人瞠目结舌。

孝武帝经常在内殿里流连迷醉，头脑清醒的时间少了，宫外的人很难也很少能被允许进见。张贵人是后宫里最受宠幸的，后宫中人人都非常害怕她。一日，孝武帝和后宫的嫔妃们一起宴饮。张贵人不胜酒力，极力辞谢。孝武帝面露愠色，对她说："当年你是因为美丽才被封为贵人，现在你已经年近三十，美色消退，也应该废黜了。"司马曜本来说的只是开玩笑的一通醉话，但对张贵人来说却无异于晴天霹雳。想到自己容貌将衰，司马曜已经厌弃，又气又恨，顿时起了杀心。她洗脸换衣后，招来心腹宫女，偷偷溜进卧室，见司马曜熟睡，就用被子蒙住他的脸，又搬来重物压在他身上。司马曜挣扎一番，最终被活活闷死了。

当然，日常生活中，我们开个玩笑并不会和司马曜一样为自己招来杀身之祸，但如果玩笑开得不恰当，势必让对方产生厌烦情绪。

可见，在与朋友或同事交谈时适当开几句玩笑，能增进彼此间的感情。但是，开玩笑一定要注意分寸。

沟通技巧

GOU TONG JI QIAO

1 开玩笑要分层次

与关系亲密的人、关系一般的人、来往较少的人，开玩笑时都要分清层次。

2 开玩笑要善意

不能为了愚弄别人而搞恶作剧，否则玩笑就会变成对对方的伤害，甚至给对方造成心理阴影。

3 开玩笑要看对方的性格

如果对方是个事事较真的人，最好不要开玩笑。

4 开玩笑要选择适当的时机

不要在对方忙得不可开交或心情郁闷时开过分的玩笑。

5 开玩笑还要注意对方的职业

在医疗行业，你在对方的抽屉里放一只假臂可能不过分；但在法律行业，可能你在某人椅子上放一个"吱吱"作响的坐垫，就已经是极限了。

静坐常思己过，闲谈莫论人非

"静坐常思己过，闲谈莫论人非"这句话是古人告诉我们的一条为人处世的格言，这句话并没有过时，在人际沟通这一问题上仍旧适用。现代社会，随着人际交往越来越频繁，无论在职场还是日常生活中，似乎都显得人多嘴杂起来，于是，我们总是会遇到一些好事分子将某些"小道消息"或者"是非传闻"传给我们，对此，我们不能做八卦的"传声筒"，最好的方法就是"不听、不问、不参与"，做是非传闻的终结者，才能避免卷入是非之中。

> 很久以前，在古代南方的一个小村子里，有个姓王的人家，家里人口不多，王老汉只有两个女儿，都已经出嫁，只剩下他和老伴儿。可是，家里没有水井，很不方便，常要跑到很远的地方去打水，家里甚至需要有一个人专门负责挑水的工作。王老汉年事已高，越来越感到体力不支了，因此，他便请人在家中打了一口井，这样便省了一个人力。
>
> 他因为打了一口井，解决了饮水的问题，非常高兴，逢人便说："这下可好了，我家打了一口井，等于添了一个人。"村子里的人当然也为之高兴，但高兴之余，不免将王老汉的话添油加醋，甚至夸张道："王老汉从打的那口井里挖出个人来。"
>
> 这话越传越远，全国都知道了，后来传到了皇帝的耳中，皇帝觉得不可思议，就派人去王老汉家询问，王老汉还以为自己犯了什么法，细听之后才明白，然后诧异地说："这是哪儿的话，我们是说挖了一口井，省了一个人的劳动，就像添了一个人，并没有说从井里挖出一个人来。"

王老汉只不过一句感叹的话"等于添了一个人"，却经村民乃至全国的人添油加醋，变成"王老汉从打的那口井里挖出个人来"，闹出一场笑话。

因此，我们绝不要做一个议论他人是非的人，这不但对自己没有好处，也得不到他人的信任和尊重。相反，你要将那些是非在你这儿终结，这样，是非的"主角"会因为你的善解人意而格外感激你，从而得到他的好感，多一个朋友总是比多一个敌人好得多。

沟通技巧
GOU TONG JI QIAO

1 管好自己的嘴巴，谨言慎行

不传播那些是非八卦，这是远离是非的最好办法。因为通常情况下，那些是非传闻与现实并不完全符合，甚至是完全背离的。

2 保持距离

如果他人挑明想知道你的意见，保持微笑、借口忙碌，或者找其他借口拉开距离，这都是不着痕迹的暗示。

3 不做过多回应

如果这些是非传闻的主角是你，你最好保持沉默，不做任何解释，沉淀心情，让时间替你解释一切。否则，容易越描越黑，影响到工作、生活和人际关系，甚至有损身心。

4 静坐常思己过

人际沟通中，要多想想自己的不足，想想自己疏忽的地方，自然就减少了对别人的抱怨、嫉恨；同时也得到一些警醒，以后将不再犯同样的过错。

为他人保守秘密，能赢得信任

日常生活中，人们在工作、学习之余，会三五成群凑在一起漫无边际地聊天，聊心事成了人们联系感情的主要方式之一，这无可厚非。但无论如何，我们都要为他人保守秘密，千万别做"大嘴巴"。

然而，可能你也发现，生活中就是有那么一些人，他们把添油加醋、颠倒是非的"秘密"传到我们耳中的时候，可能这件事已经变得与事实完全背离了。这些人就是人们常说的"大嘴巴"，而那些喜欢言及他人是非的人，多半不是出于好意甚至是心怀叵测，企图恶语中伤他人，败坏他人的形象。天下没有不透风的墙，当他的谎言被人揭穿后，就会被周围的人鄙视甚至孤立，因为没有人喜欢与一个随时可能出卖自己的人交往。

可能有些人会说，如果别人主动打听这些私事，那么该怎么办呢？此时，你最好的方法就是不闻不问，拒绝八卦。

沟通技巧

1 看清说话对象，不可以掏心掏肺

与人沟通，要把握好尺度，不要全部交心，即使是关系非常要好的朋友，相互发一些有关他人的牢骚，也是不明智的行为。而实际上，可能现在你正掏心掏肺"倾诉"的人，与你口中所抱怨的对象关系亲密，你在他面前非议此人，岂不是自投罗网？这些专挖别人隐私、专收小道消息的人，很多时候也是不怀好意的。对付这种人的办法唯有装聋作哑，不让他抓住小辫子。总之，不论你是有意还是无意，在他人背后议论最容易惹是生非，还是不随便议论为上策。

2 转移注意力，减少好奇心

可能你对他人讨论的一些是非传闻很好奇，但切记，要想减少得罪人的机会，就必须管好自己的嘴巴，谨言慎行，不要传播那些八卦，这是远离是非的最好办法。因为通常情况下，那些是非传闻与现实并不完全符合，甚至是完全背离的。要做到这一点，我们可以采用转移注意力的方法，当周围人在议论八卦的时候，你可以把注意力转移到其他事情上，比如，看书、看报、学习等。久而久之，你就会对那些是非传闻不那么好奇了。

总之，我们需要记住，"祸从口出"，你一句无心的话可能就被别人"翻译"得面目全非，然后传到被说者的耳中，影响彼此的关系。可见，"静坐常思己过，闲谈莫论人非"这句古人处世格言依然有借鉴意义。我们无法控制别人传播"是非"，那么最好的办法就是看好自己，停止"是非"的传播，让自己的耳朵不去听"是非"，这样就能远离"是非"小人了。

下篇

沟通之道，
见机行事

第07章
出奇制胜：从固定的选择中跳出来

现代社会，无论是在生活还是工作中，我们都免不了要与人沟通，而在很多形式的沟通中，最重要的是要赢得主动权，谁能掌控好局势，谁就是最后的赢家！而这需要我们运用一些谋略和智慧，摒弃传统思维，从固定选择中跳出来，这样，才能出奇制胜，使沟通结果有利于我们。

把握主动，让对方跟着你的思维走

现代社会，在很多场景下，人们都需要通过沟通来解决问题，但要想达成沟通目的，首先要求我们在沟通中把握主动权，而谁先丧失主动权，谁就先偃旗息鼓；要想抢占先机，就必须让对方跟着你的思维走。

1975 年，著名推销高手、畅销书作家罗伯特·舒克通过电话与"肯德基"的创始人——哈莱德·桑德斯上校约定了一个会面时间准备访问他，为撰写《完全承诺》一书准备资料。当时，桑德斯上校已经 85 岁高龄了，他答应去路易斯维尔机场接舒克，然后两人一起到上校家畅谈。

飞机准时到达路易斯维尔机场，舒克热情地向上校打招呼，但是上校却悲叹着说："今天没办法接受你的访问了，我在冰上跌倒，脑袋撞个正着。"

"桑德斯先生，我真的很高兴看到你，"舒克无视桑德斯要取消访问的话，"我实在很抱歉，听到你受伤了。"上校继续说："我没办法通知你我要取消这次访问。"

"没有关系，上校。"舒克仍然忽略对方要取消访问的事实。他可没有忘记自己大老远跑过来的目的是什么，因此他要赶紧想办法达到自己的目的。"我们走吧，等医生替你包扎好，我们就到你的地方去。"

"我们走吧，"舒克边说边向上校的车走去，"我们必须先送上校去看医生。"在医生为上校的头部稍做处理后，舒克就开始了他的访问工作。结果，他和上校都度过了愉快的一天。

原本由桑德斯先生掌控的整个谈话大局一下子转变为由罗伯特·舒克掌控，从而达到了谈话的目的。的确，在沟通过程中，意外事件简直是防不胜防。但是千万不要泄气，不要灰心，牢记你的谈话目的，一定要带动整个谈话的方向，一切言行从对方利益出发，提出方案后，立即行动，主动、积极地去扭转、控制整个谈话局面。

事实上，不少人在沟通中会犯这样的错误：他们的性子太急，做事总是匆匆忙忙的，尤其是在最后阶段，他们不仅没有带动对方的思维，反而被对方牵着鼻子走。要避免这样的情况，就要有一定的变通能力和分析能力，且善于谋略和规划。

沟通技巧
GOU TONG JI QIAO

1 全局思维

任何形式的沟通，都要学会用战略的眼光和全局的思维来看问题，只有这样，才能把握整个谈话动向，不至于偏离主题。

2 牢记沟通目的

始终记住你与他人沟通的目的，所有的准备工作、表达技巧的使用都是为了达成自己的目的。

3 要耐心，不要急功近利

行事冲动，极易导致沟通失败。尤其是在最后阶段，对方所做出的任何一个决定，都不是一时冲动，他们需要权衡各种客观因素和主观因素，如心情好坏等。因此，做出决策是一个极其复杂的过程，并不是一蹴而就的。在这个时候，我们应该给对方一定的考虑时间，并耐心等待对方做出决定。

认真倾听，才能巧妙回话

对于现代社会的我们来说，会说话、掌握沟通的艺术，无论对于其个人发展还是在日常交际中，都显示出了无可替代的重要性。然而，听话和说话同样重要，但真正的听，并不是傻听，会"听"话的人既能很好地领会、理解别人说话的意思，又能仔细地欣赏、揣摩别人说话的技巧，更能从别人的言谈中听出言下之意和弦外之音，然后才能"以牙还牙"，给出相应的对策。

因此，我们在沟通的时候，不仅应该做一个认真的听话者，同时还应该做一个谨慎的听话者，能听得出对方话的真实意思，只有这样，才能领会透说话者的意图。

> 一日，有一个年轻人去拜访苏格拉底，目的是希望能从苏格拉底身上学习一些演讲的技巧。
>
> 苏格拉底刚开口没说几句话，这位年轻人就打断了他，且滔滔不绝地讲述自己的想法，以显示自己的才能。
>
> 苏格拉底说："我可以教你演讲，但必须收双倍的学费。"年轻人问："为什么要双倍呢？"苏格拉底说"要教你两门课，除演讲外，还要上一门课——怎样闭住嘴听别人说话。"

苏格拉底这段话透露了两层意思，在诉说之前一定要倾听，倾听是诉说的前提。同时，苏格拉底在表达自己观点的时候，并没有直接指出，而是采取委婉暗示的方法。这样，既指出了年轻人应该改正的缺点，又不至于让年轻人失了面子。在此，作为这名年轻人，应当能正确会意、了解苏格拉底的"苦心"。

听是说的前提，你要想更好地表达观点，就要建立在听清别人内心真实意图的基础上。但真正的倾听应该是有效的。相反，如果你没能听出别人的言外之意，就会给出错误的对策，甚至造成无法挽回的恶果。

的确，现在人们在交往的时候经常会说一些富含深意的话，有时是因为场合不合适，只能说一些模棱两可的话，我们在与人沟通的时候，应该会"听话听音"，有些话是弦外有音，如果一听话是这样，不再加以分析，有时就会领会错说话者的意思。

👆 沟通技巧
GOU TONG JI QIAO

1 认真倾听

任何沟通场合，我们都要认真倾听，且要"听话听音"。一个人即使不和你说真话，他的语气同样可能暴露出他的性格、生活状况甚至他的意图。潜藏在人内心的冲动、欲望等，总是会通过某个方面体现出来，所以要了解对方意图，可借语气来读懂他的心思。因此只要你能准确地抓住他的心，才能更准确地分析他的心理，也才能看准他人的本质。

2 鼓励对方多说

任何人在谈话的时候，都希望自己的意见和观点得到对方认同、理解。因此，如果你能在接话中首先表示出对对方的理解，那么，他是很愿意继续说下去的。对此，你可以在倾听后适当地加入一些简短的词汇，比如，"对的""是这样""你说得对"等。也可以点头微笑表示理解。当然，你还需要做到专心倾听，并与对方适当进行眼神交流，切不可心不在焉。

以赞美接话，能让对方心花怒放

人都喜欢听赞美的话，从别人的肯定和认可中得到"自我肯定"。但是，并不是任何时候的赞美话都能使被赞美者心花怒放，也不是所有的赞美话都会被接受。事实上，谁都不想听多余的、千篇一律的赞美之言，因此，我们与人沟通中，在接话时要想让赞美产生效果，最好要做到出其不意。

> 大仲马是家喻户晓的法国著名大作家，据说，他在青年期间，有一段时间很穷困，后来，他流浪到了巴黎，他去找父亲的一位朋友，希望他能够帮助自己找一份工作。当父亲的朋友得知他的来意之后，问道："你有什么特长吗？"
>
> 大仲马羞涩地摇了摇头。对方无奈地摇了摇头说："那你把地址写下来，我帮你找到工作后通知你。"
>
> 大仲马惭愧地写下了自己的地址，对方说："年轻人，你的名字写得很漂亮啊，这就是你的优点！"对方一边点头一边说："能把名字写好，就能把文章写好。"大仲马受到了鼓舞，兴奋地离开了。

在赞美大仲马的时候，父亲的朋友赞美大仲马的名字写得好，虽然这只是一句无心的赞美，但对于大仲马来说却"受宠若惊"，因为当时的他处于困境之中，这一句意外的赞美无疑会增加他的自信心，可以说，这一句赞美真的说到了大仲马的心里，让大仲马觉得他就是自己的知己，是属于"自己人"。

心理学家认为，每一个人的内心深处都认为自己是与众不同的，都喜欢追求独特、个性。同样，他们也希望他人能看到自己的与众不同，此时，就需要我们能给出一个与众不同的赞美，这一赞美最好还是让人出乎意料的。这样，别人就会觉得你是真的欣赏他，真的了解他，才会信任你。

总之，我们若想让赞美对方的话深入对方心里，起到使其心花怒放的作用，就要给对方送一个意外的礼物——接话时出乎意料地赞美，这会为我们赢得好感、增进彼此关系。

👆 沟通技巧
GOU TONG JI QIAO

当然，在回话中给他人出其不意的赞美，需要你注意几点。

1 赞美要透过现象看本质

通常，当一个人取得成绩的时候才会被人关注。因而得到的都是对他的能力的赞扬。殊不知，他可能更加在乎自己付出的努力。如果在赞美的时候，要透过现象看本质，不要人云亦云地赞美对方表面的成就，而要赞美对方所付出的艰苦的努力，这样往往在心理上更能拉近彼此的距离。

2 赞美要真实可信，贴切自然

如果称赞得不得法，反而会遭到排斥。

3 辅以表情和动作上的赞赏

心理学专家指出：人对外界的反应有一个基本的是非判断，从而迅速地恒定内心的安全感。对于友善的表情和动作，同样会做出友善的迎合，继而换来更大的友善；对于不友善的情绪，则同样地给予敌意，以确保自己安全系数的最大值。

以退为进，攻心为上

现代社会，很多问题都需要通过沟通解决，但在解决一些棘手的利益冲突时，如双方就某一个利益问题争执不下，此时，如果我们死守自己的立场不肯退步的话，那么，迎来的不是僵局就是最终沟通的失败；而如果我们能大胆采取以退为进的语言技巧，那么，接下来的交谈将会顺利得多。

若干年前，意大利米兰足球俱乐部的一位著名球星想要得到更高的年度合同酬金，接连几个赛季，他都试着自己去谈判，但都未能达成满意的协议。这名运动员虽然也颇富有，而且脑瓜子聪明，但他却很怕羞。他承认，自己斗不过那个不讲情面的总经理，因为那个总经理手中握有一张王牌：在与球星订立的合同中，有一项让他不能跳槽的保留条款。怎样才能使态度强硬的总经理接受自己的要求呢？经过苦苦思索，球星想出了一个绝招。那项保留条款是他不能加薪也不能跳槽的主要障碍，但是这个条款并不能阻止他退出体育界，因此他决定以退出体育圈、加入影视界为筹码，向总经理施加压力。

这名运动员虽然脑腆，模样却颇讨人喜欢，何况他大名鼎鼎，许多人正巴不得在银幕和荧屏上一睹其丰采。于是，他开始同一个独资的制片商接洽，并草拟了一份为期5年的合同，同时把这一切都告知了新闻界。

这样一来，那个总经理受到了巨大压力，因为如果这名球星挂靴而去，球迷们定会不依不饶地闹个天翻地覆，他的生意也会受影响。不得已，他只好满足了球星的加薪要求。

这位球星在要求提高合同酬金上的做法是明智的。面对不讲情面的总经理，他只得出此策略，合同并没有规定他不能退出体育界，而这正是能制约总经理的因素。于是，他对新闻界宣布了自己的虚假意图，而很明显，这一说法果然对总经理起到了作用，只好满足球星的加薪要求。

这样看来，在沟通中，我们不要画地为牢，而要学会从固定的选择中跳脱出来。有时候，以退为进反而是沟通的有效手段。

当然，让步也需要讲究方法。如果我们的让步过早，或者每次的让步幅度过大，不能正确把握让步的尺度，就很可能陷入两难的境地。

沟通技巧

GOU TONG JI QIAO

1 不能急于求成

退让之前一定要清楚自己的底线，在范围内妥协让步，如果超出了底线，干净利落放弃，不要纠缠。

2 陷入僵局时，要想办法给自己一个调整的时间和空间

比如，你可以说："你看，我只是一个小小的部门主管，这个问题我哪能做得了主啊？老板给我的权限就到这里了。"多数时候，僵局不是因为根本性的原则问题，而是面子问题，你一软下来，给了对方面子，对方也就软下来，再一起吃饭聊聊天，气氛一缓和，往往也差不多了。

总之，面对利益冲突不能采取其他的方式协调时，恰当地运用以退为进策略是非常有效的。但成功退步的策略和技巧还表现在语言上，需要我们巧妙地运用。

欲擒故纵，让对方自动上钩

欲擒故纵中的"擒"和"纵"，是一对矛盾体。军事上，"擒"，是目的，"纵"，是方法。古人有"穷寇莫追"的说法，实际上，不是不追，而是看怎样去追。把敌人逼急了，他只得集中全力，拼命反扑。不如暂时退后一步，使敌人丧失警惕、斗志松懈，然后伺机而动，歼灭敌人。其实，与人沟通，我们也可以使用这一计策，欲擒故纵，能让对方自动上钩。

美国的一家航空公司要在纽约建立一座规模庞大的航空站，他们找到实力强大的爱迪生电力公司，希望该公司能在电价方面给予优惠。

这是一笔航空公司向电力公司求助的买卖，所以，电力公司自认为掌握了谈判的主动权。因此，态度强硬，他们告知航空公司，假如航空公司要求降低电价的话，是不可能被公共服务委员会批准的，所以，他们也不敢擅作主张。

面对谈判中出现的这一难题，航空公司马上做出相应的反击。他们明确表示，如果电力公司不给出电价优惠，那么他们会马上从项目资金中抽出一部分来建发电站。这就意味着电力公司将失去一个大用户，其经济损失将是不可估量的。

航空公司此言一出，电力公司便慌了神，他们马上改变了原来的傲慢态度，找到公共服务委员会，请求委员会从中说情，表示愿意给予航空公司最大的优惠价格。于是两家公司顺利地达成了协议。

人都是这样，得不到的都是最好的，显得弥足珍贵。航空公司在这次谈判中之所以能以优惠价格达成协议，就是因为他们抓住了电力公司害怕失去这单生意的心态，然后对其下出了最后通牒。权衡之下，纵使无奈，电力公司也只好答应航空公司的条件。

我们都知道，要想让对方接受我们的想法和意见，从而影响对方，就必须先探清对方的内心世界。但事实上，人们出于自我保护的目的，内心世界往往是隐蔽的，交谈时也会谨慎小心，此时，你可以从反方向入手，欲擒故纵，有时候会让你豁然开朗。

沟通技巧
GOU TONG JI QIAO

1 立点在"擒"

使用欲擒故纵策略最关键的是，务必使那些刻意为之的"假象"让人相信。所以，为了使这些信息看起来显得更真实一点，你最好不要亲自传达，而要借用第三者之口传达。

另外，在态度上，你最好不要表现得太过热情，要尽量做到不紧不慢、不冷不热，越是表现得不在乎，你"纵"的动机就越真实。

2 在冷漠之中有意给对方机会

我们应选择时机给对方机会，最好在其等待、努力之后，再给机会与条件，让其感到珍贵。比如当对方迫切地想知道你的态度时，你可以绕开对方的提问，将交谈中心转移到一个更为轻松的话题上。

3 "纵"要讲求"度"

讲话要掌握火候，"纵"时的用语应有尊重对方的成分，切不可羞辱对手。

一语双关，别有深意

生活中，我们常常听到"一语双关"这一词语，并羡慕那些在沟通时一语中的、言在此而意在彼、意味深远的人。而这一积极的语言效果，就来自双关修辞手法的运用。

说话时，每个词乃至每句话都有其独特的含义，一些情况下，这种含义并不表现在这个词或者句子表面的意思上，而是隐含在其背后的，而这也是说话人想要表达的，这便是双关技巧。由于双关含蓄委婉、生动活泼，又幽默诙谐、饶有趣味，能给人以意在言外之感，又使人回味无穷，因而在说话中经常为人们使用。

我们在与人沟通时，也可以巧妙运用这一语言技巧，让听者回味无穷。

双关具有一箭双雕的特点，在讲话中是一种幽默的智慧，其实只要用心观察，就会发现日常生活中有不少具有创意的双关语。

因此，与人沟通中，为了避免语言的干涩无味，不如运用口才，适时来点幽默，采取双关的表达技巧，让对方诙谐一笑！

沟通技巧
GOU TONG JI QIAO

我们即可从同义和谐音两方面来运用这一表达技巧。

1 同义

这里的"同义"，指的是，一个词背后包含的两层含义，利用两层含义，就能达到双关的效果。这两层含义一是这句话本身的含义；二是引申的含义，幽默就从这里产生出来。也可说是言在此意在彼，让听者不只从字面上去理解，而能领会你的言外之意。

2 谐音

　　形成一语双关的方法有很多，但最主要的还是运用谐音法。

　　比如，《刘三姐》里写刘三姐与三个秀才对歌，刘三姐唱道："姓陶不见桃结果，姓李不见李花开，姓罗不见锣鼓响，三个蠢材哪里来？"这是谐音双关。刘三姐说不见"桃结果""李花开""锣鼓响"，就是指陶、李、罗三位秀才没本事，不是她赛歌的对手。这是利用双关语来进行讽刺。

第08章
与人言善：
中国式人情味的沟通技巧

　　中国人常讲"善恶到头终有报"，也说要与人为善，其实，在人际交往的过程中，我们讲到的"与人为善"，除了要对他人付出外，还指要心存善意地与人沟通。俗话说："良言一句三冬暖，恶语伤人六月寒。"这也就是"与人言善"，是中国式人情味的沟通技巧，把握好了这一点，就能避免很多人际争端，避免了怒气。

良言一句三冬暖，恶语伤人六月寒

俗话说："良言一句三冬暖，恶语伤人六月寒。"人际相处与沟通是平常的事，也是一件微妙的事。一张笑脸带着一声问好能带给他人好心情；相反，一句粗话恶语却会破坏人们良好的情绪。坏的情绪和好的情绪都容易传染。良好、自然的环境和融洽的人际关系是大家共同创造出来的，好的环境需要人们共同创造和维护。

与人沟通时，我们要多说善意的话，让人产生积极的心理，看到我们的素质和修养，从而对我们另眼看待。

在茂密的山林里，一位樵夫救了一只母熊，母熊对樵夫感激不尽。有一天樵夫迷路了，遇见了母熊，母熊安排他住宿，还以丰盛的晚宴款待了他，翌日晨，樵夫对母熊说："你招待得很好，但我唯一不喜欢的地方就是你身上的那股臭味。"母熊心里闷闷不乐，说："作为补偿，你用斧头砍我的头吧。"樵夫按要求做了。若干年后，樵夫遇到了母熊，他问："你头上的伤口好了吗？"母熊说："哦，那次疼了一阵子，伤口愈合后我就忘了。不过那次你说过的话，我一辈子也忘不了。"

从这则故事中，我们看到一句伤人的话对他人的伤害。说话在意他人的感受，是一个人最基本的素质，人们对那些没有素质的人往往采取的都是敬而远之甚至厌恶的态度。

俗话说："一句话能把人说跳，一句话也能把人说笑。"言语是思想的衣裳，谈吐是行动的羽翼。它可以表现一个人的高雅，也可以表现一个人的粗俗。言谈高雅即行动之稳健，说话轻浮即行动之草率。也就是说，人际沟通中，如果我们想要接通情感的热线，使交际畅通无阻，就应该得体地说话，让人感到"良言一句三冬暖"，使关系顿时亲切融洽起来。

沟通技巧
GOU TONG JI QIAO

1 真诚地说话

人与人沟通，无论是雇主关系还是朋友关系，无论是亲戚还是顾客，相互之间都应真诚相待。只有真诚，才能换取真诚。如果我们只是把"礼貌话"当成一种场面语言，那么就会显得不真诚，即使场面话说得再好，也不会获得对方的信服。

2 掌握一些礼貌用语

礼貌用语要文明雅致、措辞恳切、热情真挚、语气和蔼、面带微笑，主要有以下几个方面。

问候用语：早上好；您早；晚上好；晚安。

答谢用语：请多关照；承蒙关照；拜托。

赞赏用语：太好了；真棒；美极了。

挂念用语：身体好吗；怎么样；还好吗。

理解用语：太忙了只能如此；深有同感，所见略同。

征询用语：您有什么事情；需要我帮您做什么；如果您不介意的话，我可以做……吗。

道歉用语：对不起；请原谅；实在抱歉；真过意不去；完全是我们的错。

常用客套话：慢走；留步；劳驾；少陪；失敬；久违；久仰；恭喜。

善解人意帮你打开沟通的大门

生活中，我们可能有这样的感触，那些位高权重的人，似乎都是高高在上的"孤家寡人"，他们虽然让人敬畏，却很少有人愿意与他们沟通。因为通常情况下，这些人的姿态太高，说话、做事根本不会顾及别人的感受。当人们被伤害以后，会形成一种防御心理，久而久之，人们都离他们而去。相反，那些没有架子、说话善解人意的人往往更能赢得他人的好感。这样看来，说话善解人意是一种打开沟通大门的语言智慧。

> 有一次，主持人奥普拉与几位曾有过吸毒经历的母亲一起参加谈话节目。其中一位母亲讲，她是因为害怕失去男朋友才染上毒瘾的；另一位母亲则说，自己之所以来参加节目，公开自己的隐私，是因为奥普拉从来不说假话。这时候，奥普拉再也忍不住了，脱口而出："我也吸过，咱们同病相怜！"
>
> 话音刚落，一旁的同事惊慌不已，她却坦然道："没事儿，一切都过去了，一切都会好的。"正是在她的带动下，谈话者才坦然地道出自己的真实感情。

奥普拉作为一个明星主持人，说话如此坦率，令人佩服。也正是因为如此，她才给人一种亲近之感，才能得到对方同样坦率的回答。

在一个竞争激烈的环境中，人人都希望成功，希望出人头地。这种进取之心确实可贵，但无论你处于何种社会或职场地位，有了何种成就，你都要保持低姿态，在与人沟通中，要多顾及别人的感受。

沟通技巧

1 表达真诚

即使对话双方身份不同、处境各异，只要说的是坦率的、真诚的、发自肺腑的话，往往都能起到感动人心的作用。

2 保持和善的说话习惯

日常交往中，懂得说话技巧的人，一定是一位和蔼可亲、平易近人的人，他一定会善解人意，无论自己失意还是得意时，都会察言观色，把自己和善的一面展现给别人，让人感觉他没有架子，这样的人一般会有良好的人际关系。

3 沟通中不炫耀自己的成功

人们在取得一定的成就或达成某个目标后，难免会产生一些优越的心理，但你千万不要在其他人面前表现出来，更不要借机贬低、挖苦别人。言者无意，听者有心，很可能你一句炫耀的话就伤害了别人，从而让别人记恨。

4 站在对方角度说话

如果与人对话时多从沟通的角度出发，多一点将心比心的理解，多说一点善解人意的话，那么，语言表达就容易引起对方的共鸣，一种独特的亲和力也就寄寓其中了。比如，当对方正遭受某种不幸时，你应感情真挚地表达自己的理解，你可以说："你的心情我能理解……"

失意人前不谈得意事

生活中，人们在获得一定的成绩或者达成某个目标后，难免会心生优越感，但在与人交谈时，要收起这份优越感，尤其不要在失意的人面前谈论你的得意事，更不要落井下石。因为没有任何人希望自己成为他人的笑柄，人们更痛恨别人将快乐建立在自己的痛苦上。

相反，如果你大谈自己的得意事，很可能引来对方嫉恨。一般来说，失意的人较少有攻击性，郁郁寡欢是他们最为普遍的一种表现，但这并不表明他们没有反击的能力。也许你的得意之语并没有针对性，却可能引起对方的嫉恨，这种嫉恨不会很明显地表现出来，可他们有自己的反击方式，比如背后中伤、背后搞破坏等，明枪易躲暗箭难防。

另外，三十年河东，三十年河西，今天失意的人明天说不定就得意了。假如我们能在对方失意之时对其进行肯定和认可，而不是大谈自己的得意之事，那么，对方一定会对我们产生感激之情。

沟通技巧　　　　　　　　　　　　　GOU TONG JI QIAO

1 不炫耀自己的成功

失意的人需要的是鼓励和安慰，而不是别人的炫耀和自夸。不合时宜的炫耀只会让别人疏远甚至嫉恨你。

2 热心帮助失意之人

如果你不希望你的成绩让那些失意之人心里不舒服，你最好和他们保持一定距离，这是让自己安全的最好方法。但如果你希望化敌为友，你还应该学会在背后帮助他们、关心他们。并且，如果你能掌握一些沟通与交流的技巧，寻找一个机会委婉地指出他们存在的不足，让他们明白自己的缺点，他们就会把注意力放到提升自己这一点上，当他们真的进步后，就会对你心存感激。

比如，如果在同事当中有人因你的美丽仪表而妒忌你，不妨把你的美容方法传授给她，根据她的个人条件指导她的穿戴，让她变得优雅起来。当她因为你的指导而得到别人赞美时，她会非常感谢你的。

3 关心失意之人

关心那些失意之人有一定的技巧可言，并不是语言上的安慰就有效，因为有些小肚鸡肠的人会把这当成你变相的炫耀和看他们笑话。为此，你不妨给予他们适当的协助。有时候，对方急需你的帮忙，但因为面子关系，他们又故意称自己不需要。在这种情况下，你应该主动表达自己的关心，雪中送炭，他们会感激涕零。

总之，聪明人会懂得收敛情绪，他们绝不以自己的成就来"刺激"失意之人。事实上，无论你取得了什么成就，你都应该照顾他人的感受，尤其是那些失意的人。

话留余地，得饶人处且饶人

中国有句老话："为别人留余地就是为自己留余地。"事实上的确如此，我们生活在这个社会中，免不了要与周围人交流，难免会发生言语上的冲突，但不管谁是谁非，得罪别人无论从哪个角度来说，都不是一件好事。因此，话不要说得太满，要为自己留余地。真正成熟的人，是懂得圆滑处世和说话的，说话保留余地，给别人留面子，才会多结交朋友少树敌。

> 宋朝时，有一位精通《易经》的大哲学家邵康节，他与当时的著名理学家程颢、程颐是表兄弟。同时，他与苏东坡也有往来。但程氏兄弟和苏东坡一向不睦。
>
> 邵康节病得很重的时候，程氏兄弟在病榻前照顾。这时外面有人来探病，程氏兄弟问明来的人是苏东坡后，就吩咐下去，不要让苏东坡进来。
>
> 躺在床上的邵康节，此时已经说不出话了，他举起一双手来，比成一个缺口的样子。程氏兄弟有点纳闷，不明白他做出的这个手势是什么意思。
>
> 不久，邵康节喘过一口气来，说："把眼前的路留宽一点，好让后来的人走走。"说完，他就咽气了。

邵康节的话是很有道理的。人生在世，谁也不要把自己的思维固定起来，更不要凭自己的主观想象去判断事情的最终结果，因为人和事都是不断变化的，谁都无法预料，真正的智者懂得运用发展的、变化的眼光看问题。因此，与人沟通，我们要把握好说话的分寸，管住自己的舌头，知道什么该说，什么不该说，该说的时候说得恰到好处，你的话才不会惹恼他人，"祸"就不会从口出，"火"也不会烧到你身上。

沟通技巧

1 说话要有分寸，别说太满了

生活中，因为说话不给人留情面、话讲得太满太绝而给自己造成窘境的例子，随处可见。做事要讲求留有余地，不要把人逼上绝路；说话也要留有余地，不能把话说得太满。因为凡事总有意外，留有余地，就是为了容纳这些意外，以免自己将来下不了台。

2 不要与人交恶

沟通时即使与人产生分歧，也不要口出恶言，更不要说出"情断义绝""势不两立"之类过激的话。不管谁对谁错，最好都闭口不言，以便他日狭路相逢还有个说话的"面子"。

俗话说得好，三十年河东，三十年河西。在社会发展日新月异的当今时代，那些曾经和你为了小事争执不下的"敌人"，转眼间就可能成为你的商业伙伴、同事或者领导等。世事的变化速度很快，社会生存的空间也变得越来越小，用不了"三十年"，每个人的社会地位、人际关系、生存状况等就可能发生此消彼长的变化，人们相互间更是"低头不见抬头见"。如果把话说得太满、过绝、咄咄逼人，让对方下不来台，将来一旦发生了不利于自己的变化，就难有回旋的余地了。

给予认同，让对方乐于与你交流

现代社会，竞争激烈，人们在高压之下生活和工作，都希望获得他人的理解，而很多人之所以不愿意敞开心扉与人沟通，最重要的一点就是找不到属于自己的听众，也就不愿意倾诉。为此，如果你希望对方向你敞开心扉，那么，与人沟通时多给予对方认同，使对方心情愉快，就可能换来对方的理解和信任。

卡耐基小时候是一个公认的坏男孩。在他9岁的时候，父亲把继母娶进家门。当时他们还是居住在乡下的贫苦人家，而继母则来自富有的家庭。

父亲一边向继母介绍卡耐基，一边说："亲爱的，希望你注意这个全郡最坏的男孩，他已经让我无可奈何。说不定明天早晨之前，他就会拿石头扔向你，或者做出你完全想不到的坏事。"

出乎卡耐基意料的是，继母微笑着走到他面前，托起他的头认真地看着他。接着她对丈夫说："你错了，他不是全郡最坏的男孩，而是全郡最聪明最有创造力的男孩。只不过，他还没有找到发泄热情的地方。"

继母的话说得卡耐基心里热乎乎的，眼泪几乎要滚落下来。就凭借这一句话，他和继母开始建立起友谊。也就是这一句话，成为激励他一生的动力，使他日后创造了"成功的28项黄金法则"，帮助千千万万的普通人走上成功和致富的道路。

卡耐基14岁时，继母给他买了一部二手打字机，并且对他说，相信你会成为一名作家。卡耐基接受了继母的礼物和期望，并开始向当地的一家报社投稿。他了解继母的热忱，也很欣赏她的那股热忱，他亲眼看到她用自己的热忱改变了他们的家庭。所以，他不愿意辜负她。

　　来自继母的这股力量，激发了卡耐基的想象力和创造力，帮助他和无穷的智慧发生联系，使他成为 20 世纪最有影响力的人物之一。

　　在继母来之前，没有一个人称赞过他聪明，他的父亲和邻居认定：他就是坏男孩。但是，继母只说了一句话，便改变了他一生的命运。

　　案例中卡耐基的继母也是个聪明人，她看到的也正是一个坏男孩身上别人没发现的优点。一句赞美，让一个坏男孩成为 20 世纪最有影响力的人物之一。

　　的确，人们都有这样的感觉：与志趣相投的人谈话其乐无穷，与志趣相异的人谈话会让人感到"话不投机半句多"，也就是说，人们都喜欢交谈对方能认同自己。掌握这一心理后，在沟通时，你就要多肯定对方，让对方感到你与他志趣相投，对方一定乐意向你倾诉。

👆 沟通技巧
GOU TONG JI QIAO

1 当你认同别人时，一定要表达出来

　　不要指望你对对方的暗示能让他感受得到，要让他知道你赞同他的意见，不妨直接说出来，"我同意您的说法"或"您说得很对，我完全赞同"，"我认为您的看法很好"。

2 避免与人争论

　　沟通中最忌讳的就是与人争论。因为没有人能从争论中获胜，也没有人会从争论中赢得友情。即使你是对的，也不要争论，这不是解决问题的最好办法，请务必记住这一点。

第 09 章

树立心防：
任何时候都要有警惕之心

　　生活中，我们与人沟通，都要以真诚为原则，但很多时候，"害人之心不可有，防人之心不可无"，我们能保证自己说话坦率、真诚表达，但不能保证别人也是如此。这就要求我们要提高警惕之心，与人沟通，要树立心防，不要随便与人交心，至于该说什么，不该说什么，如何说，都要留有余地、把握分寸，绝不可被人抓住把柄。

与小人沟通，要小心为上、时刻提防

生活中的你不知道是否有这样的经历：与人交流，你原本以为对方是个知心人，而事后你才发现，他是个专门挖别人隐私并到处散播的小人；你原以为对方听你诉说是因为同情你的遭遇，谁知道，原来他是另有所图，而知晓后的你已经骑虎难下了……这样的例子太多了。因此，在与这类小人沟通时，一定要小心为上、时刻提防。

春秋时期，齐景公时，有三个勇士，名叫公孙接、田开疆、古冶子。他们都为齐国立有很大的功劳，不把晏子这样的小矮人放在眼里。

晏子便去请求齐景公派人给他们三人送去两个桃子，让他们论功而食。景公使人馈二桃，因三人分食缺一便说："三位为什么不计算各自的功劳而吃桃子呢？"

公孙接仰天长叹道："晏子真是个聪明的人！他让景公用这种办法来比量我们的功劳大小。不接受桃子是没有勇气，接受吧，人多桃少，我何不说说自己的功劳再来吃桃子呢？我曾有一次空手击杀一只大野猪，一次徒手打死一只母老虎，像我这样的功劳，完全可以独吃一个桃子了。"说完拿过桃子站了起来。

田开疆说："我手持武器曾两次打败敌人三军，像我这样的功劳，也可以独吃一个桃子。"说完也拿过桃子站了起来。

古冶子说："我曾随从国君渡黄河，一头大鼋叼走左骖潜入砥柱山下的激流中。我就一头潜入水底，逆水潜行百步，又顺流而行九里，终于捉住大鼋，把它杀死了。我左手握住马的尾巴，右手提着鼋头，像鹤一样跃出水面，船夫们都说："这是河神！像这样的功劳，也可以独吃一个桃子吧。二位何不把桃子还回来。"说完，他抽出宝剑就站立起来。公孙接、田开疆齐道："我们的功劳不及您，拿走桃子而不谦让，这是贪心；既然这样而又不敢一死，这是没有勇气。"二人都还回手中的桃子，自刎而死。古冶子说："二位都死了，我独自活着，这是不仁；拿话羞辱别人，而夸耀自己的功劳，这是不义。行为违背了仁义，不死，就是怕死鬼。"说完也把桃子交了回去，自刎而死。

孔子在评价晏子这一具体行为时就毫不留情地说："晏子，小人也！"晏子"二桃杀三士"的故事说明晏子其人不光喜欢作秀，而且很阴险毒辣。他知道这三位勇士关系深厚，不宜攻破，故而采取这一挑拨离间的手段，小小的两个桃子就让这三个兄弟相继自杀，实为阴险的手段。

"明枪易躲，暗箭难防"，做人当然要以坦荡为本，但是，我们又不得不随时防备身后射来的"暗箭"。我们要始终记住，与小人沟通，一定要多看，冷静地判断，不要相信他们的花言巧语，因为人们在"良言美语"和"糖衣炮弹"的"贿赂"下，会更容易失去抵抗"暗箭"的能力，从而任人摆布。

👉 沟通技巧
GOU TONG JI QIAO

1 不该说的话不要说

无论是工作还是生活中，都一定要管好自己的嘴巴，不要四处散播你的秘密、隐私，否则你很容易被小人利用。

2 时刻保持警觉

及时觉察出小人言语中的计谋，如果小人试探性地询问你的隐私或者秘密，可以顾左右而言他，避开陷阱。

言辞谨慎，令对方无法反驳

俗话说，覆水难收。说话也是，"说"与"话"是因果关系，你的嘴"说"些什么，"话"便是什么。可见，我们要想对自己说出的话不感到后悔，就要谨慎说话。人际沟通中，我们更要三思而后"言"。因为从心理角度看，人们一旦发现那些有漏洞的语言，就会产生想纠正的心理，而如果对方提出反驳，就会让我们尴尬。同时，人们对那些说话不谨慎的人都有防备心理。

> 一位病人在与医生约定的时间准时到达诊所，可等了十五分钟医生才到。他感到很气恼，觉得医生这种不守信用的行为是无礼的，他必须对医生提出批评，否则心里会感到不平衡。于是，他进入医生办公室后，先用手指了指手表，然后说："现在是两点十五分。"医生似乎没明白他的意图，敷衍地说："是吗？"医生的回答更激怒了这位病人，可他仍然说："现在是两点一刻。"尽管他内心非常愤怒，但脸上依然保持镇静。因为他在克制自己，试图用暗示来让医生明白自己的意思。可医生仍装糊涂："两点过一刻又怎么样？"这回病人更是忍无可忍了，终于指出了医生的错误："你不该迟到，浪费了我的时间。"医生这才向他道歉。

开始，这位病人是想用迂回的暗示法将自己的批评信息传递给医生，让医生接受批评，向自己道歉，但医生并不愿意接受。因此他才更加恼火，最后直截了当地将医生迟到、耽误他时间的事实说出来，医生才接受了批评。

可见，我们与人沟通，要把握对方的心理，说出让对方心服口服的话，对方才更容易接受而不至于反驳我们！

沟通技巧

在运用这一策略的时候，我们要从以下方面努力。

1 注意修饰自己的语言，让语言形象化

通常，人们都没有意识到说话用词的重要性。实际上，聊天时如果能让对方眼前浮现出各种各样的形象，听众就会感到轻松、惬意，并愿意继续听下去。而如果话题含糊笼统，语言无色无彩，那么，恐怕只会让对方昏昏欲睡，提不起聊天的兴趣，甚至对你产生厌倦的情绪。

2 用事实说话

人际交往中，我们要想让自己说的话更有说服力、无懈可击，就需要从事实出发。

3 说话把握分寸

卡耐基说："好口才是社交的需要，是事业的需要，是生存的需要。它不仅是一门学问，还是你赢得事业成功、常变常新的资本。"但是，能说话不等于会说话，话还要说得有分寸。只有把握好说话的分寸，才算掌握开启成功之门的钥匙，如此才能把话说到人的心坎上，达到"一石激起千层浪"的效果。

可见，与人交往，我们说话要看场合、对象，从而把握说话的分寸。

不要随意向他人倾诉心事，保持应有的警惕

我们都知道，人与人之间交往、交流必不可少，互诉衷肠可以加深彼此情感、拉近心理距离。但我们一定要管好自己的嘴巴，不要四处倾诉你的那点小秘密，否则，你会给自己带来一些麻烦。生活中的人们，你若想让自己远离是非，要想拥有良好的人际关系，就必须避免四处倾诉秘密。

有人说，人有很多种智慧，然而，真正能够称得上人生智慧的是给自己留点余地。说话要有弹性，做事要有分寸，凡事都讲究灵活安排，以使自己回旋的余地更大。否则，一旦被别人抓住把柄，就会在无形之中给自己的人生设置障碍，甚至改变自己的人生轨迹。

沟通技巧

GOU TONG JI QIAO

当然，这里所谓的秘密，范围很广，涉及方方面面，但总的来说，可以分为以下几方面。

1 家庭财产状况

什么该说什么不该说，心里必须有谱。即使再有钱，在社交场合，你也不应拿来炫耀，有些快乐，分享的圈子越小越好。被人妒忌的滋味并不好，容易遭人算计。无论露富还是哭穷，有时候都显得做作，与其讨人嫌，不如知趣一点，不该说的话不说。

2 私人生活

可能你在私人生活上有些不如意，但不要随便告诉他人，比如，夫妻情感、生理健康、家庭琐事等。也许你正在倾诉的时候，对方还在心里嘲笑你呢。当然，对于别人的私人生活，你也不要

随便打听。你以为议论别人没关系，但用不了几个来回就能绕到你自己头上，引火烧身，那时再逃跑就显得被动。

3 人际交往问题

在日常生活中，我们难免会对某个人不满，甚至在心里已经骂了此人一千遍。但我们一定要明白，无论你心里怎么想，都不要告诉别人。而且，如果你发现有人在说此人的坏话，你就应该赶紧走开，即使走不了也不要插嘴，只要微笑一下就可以了。

总而言之，与人沟通，你一定要谨言慎行，只有这样，才能更好地与人相处，不会使自己陷入被动的尴尬处境。

不说"死话"，给自己铺好台阶

现实生活中，人们通常会认为那些巧舌如簧的人善于沟通，其实不然。真正聪明的人，会从大局出发，从不把话说得太满，他们懂得关键时刻应该装装傻，避开对方的锋芒和问题的焦点。这样，相当于给自己和对方都铺个台阶，也有利于人际关系的良性发展。

18世纪末，年轻的拿破仑·波拿巴已经初露锋芒。在意大利战场，他大获全胜，凯旋的他马上出现在巴黎的社交界，并很快身价倍增，也成为众多贵妇追逐青睐的对象。但这似乎并不让拿破仑激动和热衷，相反，他倒有些厌恶。但已经身处社会上层，面对这些紧追不放的女人，拿破仑显得很无奈。这些女人中就有当时的才女、文学家斯达尔夫人，几个月中她一直在给拿破仑写信，想结识这位风云人物。

在一次舞会上，斯达尔夫人的头上缠着宽大的包头布，手上拿着桂枝，在人群中，她终于发现了拿破仑。于是，她穿过人群，迎着拿破仑走来。拿破仑躲避不及。于是，斯达尔夫人就把一束桂枝送给了拿破仑，拿破仑说道："应该把桂枝留给缪斯。"然而，斯达尔夫人却认为这只是一句俏皮话，并不感到尴尬。她继续没话找话地与拿破仑纠缠，拿破仑出于礼貌也不好生硬地中断谈话。

"将军，您最喜欢的女人是谁呢？"

"是我的妻子。"

"这太简单了，您最器重的女人是谁呢？"

"是最会料理家务的女人。"

"这我想到了，那么，您认为谁是女中豪杰呢？"

"是孩子生得最多的女人。"

他们这样一问一答，越谈越没趣。于是斯达尔夫人感到局促不安，也不想再自讨没趣下去了，只好作罢。

拿破仑的"手段"是高明的，他纵然讨厌女人的追捧，但是他并没有直接拒绝，而是考虑到女性的自尊，采取"打马虎眼"的说话方式，让这位才女主动放弃了追求自己的想法。这种拒绝的方法，可谓"不战而屈人之兵"。

可见，人际沟通中，我们话不能说"死"，要学会给自己留个台阶，适当的时候退一步。这并不是讲和言败，而是诱"敌"深入，让交际对方反中我们的"情感计"，从而放松对我们的警惕，接受我们。

沟通技巧
GOU TONG JI QIAO

1 答非所问，避开问题的焦点

答非所问绝不是消极逃避，目的是避免与对方正面地"交战"，伤了和气，而无法实现我们最初的交际目的。装装傻，答非所问，是一种以退为进、以大局为重的表现。

2 模糊回答，不就事论事

对于一些难以回答又必须"表态"的问题，此时，我们就可以选择一些"模糊言语"，不要过早地下绝对的结论。

第 **10** 章

求人有道：
略施巧计轻松获取
他人助力

　　人在社会中生存，不求人是很难的，真正成大事者，往往懂得借助他人的力量。而世上没有办不成的事，只有不会办事的人。一个会办事的人，可以在纷繁复杂的环境中轻松自如地驾驭人生局面，凡事逢凶化吉，把不可能的事变为可能，最后达到自己的目的。然而，怎样去求人，求什么人，也是大有学问的。为此，我们有必要学习一些求人办事的沟通方法。

巧妙铺垫，求人需逐步推进

生活中，人们都有这样的心理，对于那些关系一般或者不熟识的人都是心怀戒备的，并且，也觉得没有必要答应对方的请求，而一旦对对方产生好感，并愿意与之结交后，对于对方提出的请求也就欣然答应了。因此，在求人办事时，倘若向特别要好和熟悉的人求助，可以直截了当、随便一点。但有时求助于关系一般的人、陌生人或社会地位较高的人时，则常常需要一个"导入"的过程。这个过程可长可短，得视情况而定。

一天，三位业务员向总裁秘书推销产品。

第一个业务员对秘书说："王小姐，你的衣服挺好看的。"此时，秘书心里特想听听她的衣服哪儿好看，结果，那位业务员不再说了。秘书心想，一点儿也不真诚，令人失望。

第二个业务员说："王小姐，你的衣服挺漂亮的。主要是衣服搭配得好。"秘书立刻想听自己的衣服哪里搭配得好，结果也没有了下文，话还是没有说到位。

第三个业务员说："王小姐，你的衣服挺漂亮的，看起来真的很有个性。"事实上，这位秘书已经没有了耐性，但还是想听听自己有什么样的个性。他接着说："你看，一般人穿衣服都很讲究衣服的职业性，但你不一样，你的衣服是定制的吧，在追求个性的同时又不失职业性，一般人手表戴在左手腕，而你的手表戴在右手腕上……"秘书一听，还真觉得自己有点与众不同，挺高兴的，就让他见了老总，结果签了一个大单子。

第三个业务员之所以能打动总裁秘书，见到了总裁，是因为他踩在了前面两个人的肩膀上。前面两个人已经对秘书的服饰夸赞了一番，但没有让秘书满意；而他在前两个人的基础上，说出了独到的见解，自然会有与众不同的效果。

在人际交往中，当我们要求某人做某件较大的事情，又担心他不愿意做时，可以先向他提出做一件类似的、较小的事情。当他接受了我们这一小要求时，我们就有可能让他答应更大的请求。

👆 沟通技巧

那么，具体来说，求人办事的过程中，我们该怎样逐步"导入"正题呢？

1 先找到共同的话题

面对不熟悉的人，一开始最好避免开门见山地表述自己要达到的目的，迂回地谈些其他事情，比如天气、足球、服装、电影……从中找到共同兴趣点，然后在共同感兴趣的话题上不露痕迹地、自然地转到正题上去。这样可以取得很好的效果。

2 秉持"说三分，听七分"的原则

许多善于说话的人都强调"听"的重要性，因为只有善于倾听才能达到目的，听人说话的本意在于了解对方的心意，把握对方的想法和要求。对方是商谈的主角，所以应让对方多说，以对方为中心而自己多听，从而更能掌握对方的情况。

3 "导入"正题时注意运用容易被对方接受的说法

一句内容和中心思想完全一样的话，由于说法不同，产生的效果可能会有所不同。有的说法可能会让人觉得亲切、易于接受，有的则让人觉得生硬。通常，反复强调你的想法未必能发挥太大的作用。

软磨硬泡，使对方"屈从"

现实生活中，一些人在求人办事时，对方一旦拒绝就失去信心，其实这样是什么事都办不成的。常言道：人心都是肉长的。求人办事的过程中，不管对方态度有多坚决，只要你善于用行动证明自己的诚意，表明自己坚决的态度，那么，对方迟早会给你机会，于是你就"泡"成功了。

所以，我们可以认为，软磨硬泡法也是一种策略，只要我们有耐心，总会让对方"就范"。

也许你会问，软磨硬泡不就是死皮赖脸吗？实则不然，软磨硬泡立足于韧性与耐心，着眼于感化对方，所谓"精诚所至，金石为开"就有这个道理。因此，在求人办事时，你应该学会厚着脸皮而克服害羞和自卑，主动出击，不达目的誓不罢休。

需要指出的是，"软磨硬泡"，不是消极地耗费时间，也不是硬和人家耍无赖，而是要善于采取积极的行动影响对方、感化对方，促进事态向好的方向转化。有时候对方拖着不办，并不是不想办，而是有实际困难或心有所疑。这时，你若仅仅靠行动去"泡"很难奏效，甚至会让对方很烦，更不利于办事。这时嘴巴上的功夫就显得十分重要了。要善解人意，抓住问题的症结，巧用语言攻心。

沟通技巧 GOU TONG JI QIAO

表面上看这种方法很简单，但实际并不容易做好。要想用此方法达到求人的目的，需要把握好以下两个条件。

1 要有打持久战的准备

"软磨硬泡"打的就是一场持久战，需要的就是时间，时间就是一种武器。我们谁都有时间，但谁又珍惜时间？如果你足够有耐心，那么，这场持久战你就能胜利。所以，你一定要沉住气，耐心地牺牲一点时间，成功就会等着你！

2 要讲究方法

必须是"赞美""哀求""硬磨"三种方法一起上，缺少一种都达不到目的。

总之，"软磨硬泡"是一种求人办事的心理策略，它能以消极的形式获得积极的效果，可以表现出自己不达目的不罢休的决心和毅力，给对方施加压力，也能够增加接触机会，更充分地表明自己的态度、思想和感情，以影响对方的态度，实现求人的成功。

巧言激将，利用对方不服输的心理使其愿意帮忙

生活中，有时候，我们求人办事，正面劝说的结果似乎总是事与愿违。我们可能忽视了一点，那就是人们都有不服输的逆反心理，越是被否定，越是要证明自己；越是受压迫，越是要反抗。如果我们告诉对方事情存在一定难度，他可能办不到时，那么，便能激起对方的挑战欲，从而愿意一试。

《三国演义》中有这样一个故事：

马超率兵攻打葭萌关的时候，张飞主动请求出战。

诸葛亮却佯装没听见，对刘备说："马超智勇双全，无人可敌，除非往荆州唤云长来，方能对敌。"

张飞说："军师为什么小瞧我？我曾单人独骑抗拒曹操百万大军，难道还怕马超这个匹夫！"

诸葛亮说："你在长坂桥抗曹，是因为曹操不知道虚实，若知虚实，你怎能安然无事？马超英勇无比，天下的人都知道，他在渭桥大战曹操，把曹操杀得割须弃袍，差一点丧命，绝非等闲之辈，就是云长来也未必能胜他。"

张飞说："我今天就去，如战胜不了马超，甘当军令！"

诸葛亮认为"激将法"起了作用，便顺水推舟地说："既然你肯立军令状，便可以为先锋！"

实际上，在《三国演义》中，诸葛亮常用这种方法来"激"张飞，因为他深知张飞脾气很大。于是，诸葛亮每当遇到重要战事，就先说张飞担当不了此任，或说怕他贪杯酒后误事，激他立下军令状，增强他的

责任感和紧迫感，激发他的斗志和勇气，清除他轻敌的思想。可见，求别人办事的时候，倘若能够明白对方属于哪种类型的人，说起话来就比较容易了。

生活中，有些人，如果正面激励他完成某项任务或者帮我们办事的话，他会推三阻四，讨价还价，即便勉强答应，也像欠了他人情。如果我们能将"激将法"这一策略运用得好的话，我们在说话办事的过程中将会如虎添翼。

沟通技巧
GOU TONG JI QIAO

1 明激法

明激法意在直截了当、充分利用对方的逆反心理，通过一阵"猛雷"给对方当头一棒，从而达到你的目的。比如，你可以这样说："我明白，您不帮忙，可能也是心有余而力不足吧？"这句话在他心里的分量是很重的，因为每个人都不愿意被人看扁。

2 暗激法

暗激法就是借赞他人来贬损对方，达到激将的目的。

当然，在运用这一策略之前，我们要先了解对方。要对对方的心理承受能力有所了解，如果激而无效，那么也是白费力气。还有，说话要掌握火候，语言不能"过"。如果说话平淡，就不能产生激励效果；如果语言过于尖刻，就会让对方反感。语言不能过急，也不能过缓。过急，欲速则不达；过缓，对方无动于衷，无法激起对方的自尊心，也就达不到目的。

害怕被人拒绝，可以先提个"大要求"

生活中，我们可能有这样的经历：

我们想找朋友借钱，如果你直接说："能借 2000 元给我吗？有点急事。"得到的回答很可能是："借钱干什么，我还缺钱呢！"可是，如果你说："老同学，我最近手头很紧，借 10000 元给我救急，行吗？""什么？我哪有那么多，我也正用钱，最多只能借你 2000 元！"这样一来，目的不就达到了吗？

生活中，如果对某个人提出一个很大的要求而被拒绝时，接着再向他提出一个小一点的要求，那么他接受这个小要求的可能性就比直接向他提出小要求而被接受的可能性大得多。这种现象被称为"留面子效应"，也叫"门面效应"。

在日常沟通中，如果我们有求于人又害怕被拒绝，可以根据这一效应先提出一个令人难以接受的要求，待别人拒绝且怀有一定的歉意时，再提出自己真正要对方办的事情。由于前面的拒绝，人们往往会为了留住面子而接受随后的要求，这样做的成功率比直接提出这一要求高得多。

在一次由巴黎飞往伦敦的航班上，乘客满怀期待地等待着飞机着陆，但就在此时，乘客们忽然听到乘务人员报告：接到机场通知，最近是客流高峰，飞机暂时无法降落，着陆时间将推迟一小时。

乘客们听到这一消息，整个机舱里响起一片喧嚷抱怨之声，有些人开始害怕是不是飞机出了什么事。尽管如此，乘客们也没有其他任何解决的办法，不得不做好思想准备，在空中等上这令人难熬的一小时。时间一秒一秒地过着，谁知几分钟之后，乘务员又向乘客宣布：晚点时间将缩短到半小时。听罢这个消息，乘客们都如释重负地松了口气，心情顿时好了很多。又过了几分钟，乘客们再次听到飞机上的广播说："最多再过三分钟，本机即可着陆。"这一下，每个乘客都喜出望外，拍手叫好。虽然飞机着陆晚点了，但乘客们反而感到庆幸和满意。

这里，如果乘务员刚开始就向乘客通知正确的着陆晚点时间，可能乘客们无法接受，在下飞机的那一刻，可能也是抱怨声不断。但乘务员先向乘客们通知了一小时的晚点时间，接着转为半小时，再转为三分钟，人们自然会喜出望外。

👆 沟通技巧

运用这一心理策略，应注意以下几个方面。

1 注意彼此的关系亲密度

如果双方素昧平生、交情尚浅，你却想让别人答应一些有损其利益的事情，这时候"先大后小"也是没有用的。

2 不要提出一些不合理的要求

一般人都爱面子，怕丢脸，怕遭人议论，怕日后做人抬不起头来，对于丢脸这件事则很在意。但我们不能抓住这一点提出不合理的要求。否则，他日别人察觉出你的不良动机，必会远离你。

3 理解他人，不要因为对方的拒绝而损害其面子

我们不能因为别人拒绝了我们的要求，就肆意传播不良信息，或者以此威胁对方，这都是不道德的。

第11章

拒人之道：
委婉暗示令对方知难
而退

　　我们常说，助人为快乐之本，朋友寻求我们帮忙，我们理应援助，然而，人的精力和能力有限，我们不可能事事答应。可以说，对于我们任何人来说，学会拒绝都是一种自我保护，而巧妙拒绝更需要计谋。面对他人提出的不合理、不合适的要求或者自己不愿意去做的事情，你要善于说"不"，这虽然是对他人意愿或行为的一种否定，但有效地达到了巧妙拒绝的目的，又使对方不至于产生不快的情绪。

拒绝他人要灵活应对、用点技巧

拒绝别人或被别人拒绝，是我们每个人一生中每天都可能经历的事情。这是人生中非常真实的场景，谁都会遇到这样的经历，朋友、同事，甚至领导来找你帮忙，但有时他们所提出的要求是你没有能力或不愿意去做的，此时，我们就要学会拒绝他们的请求。拒绝的话一向不好说，说不好就很容易得罪人。因此拒绝他人时，要灵活应对，用点技巧。

杜鲁门刚刚担任美国总统的时候，他的一位朋友向他引荐某个人作为新内阁的成员。但是，杜鲁门从别的渠道了解到了这个人的品行极端恶劣，没有资格进入政府工作，因此就一直不表态。朋友实在是坐不住了，就忍不住生气地问他："为什么到现在了内阁成员的名单还没有那个人的名字，是不是你看不起我？"杜鲁门对这位朋友说："我并没有丝毫看不起你的意思，只不过是我不喜欢他的长相罢了。"朋友一听，迷惑不已，问道："你这就有点吹毛求疵了吧？长相是父母给的，和他有什么关系呀？"杜鲁门说："并不是这样的，一个人四十岁之前的'长相'是靠父母，但是在四十岁之后就要自己对那副'长相'负责了。"朋友终于明白了杜鲁门不让那人担任内阁成员的原因，就没有再多说什么，对杜鲁门也不存在任何的偏见和抱怨。

很显然，杜鲁门在拒绝朋友提议的时候，既表明了自己的态度，又充分地照顾了朋友的面子。如果他直言不讳地说"你举荐的那个人人品不行，作恶多端"，那么朋友心里就会觉得杜鲁门是在指桑骂槐，说自己和那个人一样是品行不正的人，从而对他产生怨恨。

人际沟通中，善于拒绝者，既能使自己掌握主动，进退自如，又能给对方留足"面子"，搭好台阶，使交际双方都免受尴尬之苦，足可见这是一种高明的沟通计谋。

🖐 沟通技巧　　　GOU TONG JI QIAO

一般来说，我们可以用以下几种灵活的方式去拒绝别人。

1　推诿法

所谓推诿法，就是不直接说出自己的意见，而是借用别人的身份来表示拒绝。这种做法表面上看来是在"推卸责任"，而实际上能收到很好的效果，它能够让别人理解你的难处，从而不再强人所难。不过在使用这个方法的时候，一定要注意，要利用不在场的第三者来做挡箭牌，只有这样，才能自圆其说。

2　模糊法

所谓模糊法，就是用模糊的语言来应对他人的请求，这种方法从表面上看是对请求者有了交代，但实际上却没有有用的信息，从而达到拒绝别人的目的。

3　搪塞法

搪塞法，顾名思义，就是在回答别人问题的时候选择一些模棱两可的语言，挑选一些没有任何实际价值的信息去应付一下。

4　曲解法

对别人的话表示不明白，或者用你自己的"理解方式"去回答，用一些让别人哭笑不得的理解方式去解释原因，来达到拒绝的目的。通常情况下，这种方法适用于应对那些喜欢耍小手段的请求者。

即使是拒绝，也要让对方感受到你的情义

我们都知道，拒绝就意味着将对方拒之门外，拒绝了对方的一片"好意"，有时会让对方很难堪。而如果我们能根据不同的场合和对象进行考虑，选择恰当的方法、以情动人地说出自己的理由，或者为对方寻求更好的解决方法，那么，即使被拒绝，对方也会感觉到你的情义。

> 曾有个野心勃勃的军官一而再、再而三地请求英国首相迪斯雷利加封他为男爵。迪斯雷利知道这个人才能超群，也很想跟他搞好关系。但军官不够加封条件，迪斯雷利无法满足他的要求。有一天，迪斯雷利把这位军官单独请到办公室里，他对这位军官说："亲爱的朋友，很抱歉我不能给你男爵的封号，但我可以给你一样更好的东西。"
>
> 随后，迪斯雷利放低声音说："我会告诉所有人，我曾多次请你接受男爵的封号，但都被你拒绝了。"
>
> 这位军官按照迪斯雷利的建议做了，这个消息一传出，很多人都称赞这位军官谦虚无私、淡泊名利，对他的礼遇和尊敬远远超过任何一位男爵。军官得到了良好的评价，因此，他对迪斯雷利由衷地感激。后来，这位军官成了迪斯雷利首相最忠实的伙伴。

这里，迪斯雷利拒绝军官的方式是巧妙的，能避免对方感到难堪或怀恨在心，更能让对方成为自己重要的支持者，真可谓一举两得。

当然，拒绝也是要讲究艺术的，告诉对方拒绝的理由时，不能用一种不耐烦或者是找借口的方式去推脱或者敷衍，那样会让对方觉得你为人不够真诚，缺乏热心；当然也不能用模棱两可的话来回答别人，比如说些"我想想办法""试试看吧"之类的话，那样的话很可能让别人觉

得你已经答应了下来。

👆 沟通技巧

在提出拒绝的理由的时候，我们要注意以下几点。

1 明确及时地讲出你的理由

拒绝他人的求助并不是什么见不得人的事情，实在无法答应别人的要求的时候，一定要用比较明确的语气来告诉他："实在对不起，在这件事情上我实在是帮不了您的忙，您还是想一下别的办法吧。"一般说来，当别人了解到你的困难之后，就不会再做无用功。这样，就能为对方寻找其他的方法提供时间，同时也不会给自己带来烦恼。

2 委婉地讲出理由，明确地表示拒绝

明确及时地讲出理由，拒绝对方并不是要严肃呆板或者言辞犀利。对于求助者来说，他们本身比较敏感，能够从比较委婉的话里听出拒绝的意思，那么他们就会很识趣地离开。在委婉地提出个人的理由时，一定要注意，委婉并不是模糊，千万不能给对方留下一丝希望的余地。只有这样，才不会给双方带来伤害。

3 态度一定要真诚

在拒绝别人求助的时候，一定要注意态度的真诚。当你向对方陈述个人理由的时候，失去了真诚的态度，就会让对方觉得是对他不屑一顾，所有的理由不过是借口罢了。只有坦诚相告，才会让对方将心比心，设身处地地考虑你的为难。

"抬高"他人，让拒绝更易被人接受

相信每个人都明白，没有人是希望被拒绝的。通常情况下，一个人被拒绝之后，心里会产生落差，他会觉得自己的言语或行为遭受了否定，甚至会有一种被遗弃的感觉。在这时，他急需一种愉悦的情绪进行弥补，填补内心的落差，如果你在拒绝对方之时，再加上几句赞美的话语，那将是非常完美的。

"抬高"其实就是赞美，将别人的地位无形之中抬高，让他有一种优越的感觉。而正是"抬高"使得对方产生的优越感，会有效地弥补他遭受拒绝之后的心理落差。人总是这样，当他重新捡回了一个苹果，即便是他已经丢失了一个橘子，他内心也还是会非常愉悦，因为他总是着眼于自己眼前的东西，对于那些丢失的或者得不到的，他总会遗忘的。

不得不说，拒绝他人，如果很快地切入正题，对方很可能会产生不由自主的抵触情绪。即使他表面上接受，却未必表示你已经达到了目的。所以，先让他放松下来，然后开始你的"慷慨陈词"，这样往往能达到比较好的效果。每个人都需要真诚的赞美，赞美是鼓励，赞美如阳光。在拒绝他人前，若能先"抬高"他，对方接受起来也会容易得多。

沟通技巧 GOU TONG JI QIAO

当然，使用这一技巧拒绝他人，我们还需要掌握一些细节。

1 "抬高"对方的"好意"

例如，对方给你赠送了礼物，但是你出于某种原因需要谢绝时，你可以这样说："你对我非常关心，你这份心意我领了！""谢谢你的好意！"这样一来，对方即使被回绝，仍觉得你是个通情达

理的人，因为你理解了他的美好用意。这时，你对他拒绝的语气
应该是毫无疑问且不容商量的。

2 "抬高"对方的"能力"

例如，当领导为同事安排了任务，而对方却请求你为他完成，
你就可以这样拒绝："我对这一块业务很不熟悉，也没做过类似的
工作，王总正是因为了解你能胜任它，才把这个任务交给你的！"

3 "抬高"对方的"品质"

例如，如果你要拒绝异性的求爱，你可以说："在认识你以前，
我就知道你是个很好的人，而且，你在学校的时候，就一直是很
多女生心中的偶像；在工作单位中，你也是……但是对不起，让
你失望了！"这些话绝不是可有可无的。没有它，将使你显得高傲
和不近人情，因此，为不能满足对方的愿望而致歉是非常必要的。

答应但不照办，是一种拒绝"诡计"

我们都知道，任何一个人，都不喜欢被他人拒绝，而且，对于内敛的中国人来说，更不习惯拒绝他人。正是因为这一心理障碍的存在，这些人往往得戴着"面具"生活，活得很累，而又丢失了自我，事后常常后悔不迭；但他们又因为难以摆脱这种"无力拒绝症"，而自责、自卑。其实，学会拒绝的艺术并不困难，只需要我们掌握一些拒绝时的心理沟通技巧，如拖延法，也就是你可以答应对方，但是要拉长时间线，随着时间的流逝，对方的请求意愿也随之淡化，不得不说，这是一种绝佳的拒绝他人的"诡计。"

比如，一位中层主管这样拒绝下属的工作请求："不好意思啊，今天我刚来，事情太多了，等忙完这周的活，你再把数据表拿来。"一听到主管这么说，这位下属只好自己去处理了，因为时间上根本来不及。

这样看来，对于你不想答应的请求，你完全用不着立刻下决定，用不着当下就点头或者摇头，而只是让请求你的人迟些再来。

沟通技巧

那么，具体在使用这一心理计策的时候，我们该怎样说话呢？

1 试着先同意

这听上去似乎有点自相矛盾，但是你可以把这看作一种心理计策，你可以同意要求，然后做下面两件事之一。

你可以说："没问题，但是我现在的任务多得像山一样。你能不能过一个月左右再来找我？""除非我真能干得非常出色，我是不会这么打包票的。"

或者你可以说："当然可以，但是你能不能先去做……这样我们才能看出这件事到底是否可行。"

无论你选择上面两种话术中的哪一种，你都没有断然地拒绝他们，而是把主动权交回他们的手中。在真心想要做这件事但是实在抽不开身的情况下可以这样说，这样说帮你解决了主动权给你带来的压力，让你用不着真正说出那个"不"字。

2 承诺过的事就不能拖延

如果已经承诺的事，还一拖再拖是不正确的，这里的拖延法指的是暂不给予答复。也就是说，当对方提出要求而你迟迟没有答应，只是一再表示要研究研究或考虑考虑，那么，聪明的对方马上就能了解你是不太愿意答应的。

3 拖延要针对具体情况

对方在激动时所提出的问题，如果不能具体解决，往往容易陷入僵局，故对这类问题要加以回避。如果是个人的事，可以说"这件事太复杂，先喝一杯再说"，这样表明态度，可以暂时使对方稳下来，比两人争吵不休要好。在正式场合，比如在开会时出现引起争吵的话题，会议主持人应先承认问题的重要性，然后说"这个问题太棘手，无法立刻回答"，从而牵制住对方。或说"这个问题，改天再说"，对方会认为比遭到拒绝要好，可以缓和激动情绪，收敛锋芒，不再纠缠。

转移话题，以迂回战术拒绝

　　拒绝是一种艺术，更是一种技巧，高明的拒绝往往能达到自己的目的，又不会让对方产生不快的情绪。通常而言，太过直白的拒绝往往是伤害人的，不仅严重打击对方的积极性，而且会令对方心生怨恨。不好直接拒绝时，只好采取迂回的战术，转移话题也好，另有理由也行，关键是要隐晦，但又不致撕破脸。事实上，人都是聪明的，你大可不必担心对方不能领悟你改变话题的用意。

　　　清代的郑板桥在当潍县县令时，查处了一个叫李卿的恶霸。李卿的父亲李君是刑部大官，得讯后急忙赶回潍县为儿子求情。
　　　李君以访友的名义拜访郑板桥。郑板桥知道李君的来意，故意不动声色地看李君如何扯到正题。李君看到郑板桥房中有文房四宝，于是向郑板桥要来笔墨纸砚，提笔在纸上写道："燮乃才子"。郑板桥一看，人家是在夸自己呢，自己也得表示表示，于是也提笔写道："卿本佳人"。李君一看心里一亮："郑兄，此话当真？"
　　　"君子一言，驷马难追！"
　　　"我这个'燮'字可是郑兄大名，这个卿字……"
　　　"当然是贵公子宝号啦！"
　　　李君心里高兴极了："承蒙郑兄关照，既然我子是佳人，那就请郑兄手下留情。"
　　　"李大人，你怎么'糊涂'了？唐代李延寿不是说过'卿本佳人，奈何做贼'吗？"
　　　李君脸一红，只好拱手作别了。

　　郑板桥采用顾左右而言他的方式，巧妙地、委婉含蓄地拒绝了李君的求情，既坚持了原则，又不使对方太难堪。

　　的确，在拒绝他人时，我们有时会觉得不便说"不"，便随便找些理由来搪塞对方，以求得一时的解脱。但这个方法并不高明，因为对方仍可能找理由与你纠缠下去，直到你答应为止。比如你不想答应帮他做事，推托说："今天我没有时间。"他可能会说："那没有关系，你明天再帮我做好了，事情就拜托你了。"此时，你可能很难再用其他借口推辞了。因为这些都是小小的谎言，一经反驳，你肯定会感到慌乱，说"不"的意志便很难坚持了。实际上，你不妨直接采取转移话题的方法，对对方的问题不予直接回答。

沟通技巧
GOU TONG JI QIAO

　　当然，我们在采取转移话题的语言策略时，需要正确地断答，才思敏捷，口语技巧娴熟。断答前要摸准对方的心理，"你一张口我就知道你要问什么""未闻全言而尽知其意"，这与"错答"比起来，要求更高。

　　断答往往需要几个回合才奏效，因为抢一两次，对方可能还不能领悟到答话者的真正意思，或者略知道而不甘心，于是继续发问，这就要求连"抢"多次，才能不露出破绽，达到拒绝的目的。所以说这种方式难度大，技巧性强，但如果运用得当，效果也会很好。

　　总之，对于拒绝别人，我们可以故意转移话题，就是在对方还没有完全表达出想说的话时，就将其话断开，转向其他的话题，这对于拒绝对方而言不失为一种好的技巧。

第 **12** 章

应酬心机：
自如应对令你满盘
皆赢

生活中，我们每个人都要参与社交。可能你曾经有这样的疑惑："我该怎样促成这笔生意？""我该怎么样打破僵局，交到朋友？"其实，无论在何种目的的应酬场合，我们都希望结果有利于自己，而要想达成所愿，我们就必须用点技巧，在应酬中多加引导，从而做到应对自如、满盘皆赢。

学会寒暄，让你成为应酬高手

我们发现，那些善于应酬的高手都有个共同的撒手锏，那就是他们善于利用沟通手段，而寒暄就是他们常用的手段之一。在交谈中，寒暄并不一定涉及真正的交谈目的。因此，我们大可不必太过在意字面的含义，但这并不意味着寒暄是毫无章法的。寒暄时，我们要尽量考虑交谈的对象和交谈的环境，俗话说，"到什么山唱什么歌""见什么人说什么话"，寒暄中，难免要说些赞美的话，但一定要得体，不要过分，过分就会显得虚假。

贝尔纳·拉迪埃是法国空中客车飞机制造公司的销售能手。当初他被推荐到空中客车飞机制造公司时，面临的第一项挑战就是向印度销售飞机。这是一件棘手的任务，因为这笔交易似乎已经被判"死刑"了——这笔交易已由印度政府初审，未被批准。此时，一切希望就压在了销售代表贝尔纳·拉迪埃身上。

拉迪埃深知肩上的重任。他稍做准备就立即飞赴新德里。接待他的是印度航空公司的主席拉尔少将。

拉迪埃到印度见到他的谈判对手后说的第一句话是："正因为你，我有机会在我生日这一天又回到了我的出生地，谢谢你！"这句话一语中的，很有效果，迅速拉近了拉迪埃和这位少将的距离，使他最终成功推销出空中客车的飞机。

拉迪埃靠着娴熟的销售技巧，为空中客车飞机制造公司创下了辉煌的业绩。仅在1979年，他就创纪录地销售出230架飞机，价值420亿法郎。这当中，少不了他善于寒暄的功劳。

"正因为你，我有机会在我生日这一天又回到了我的出生地，谢谢你！"这是一句非常得体的开头语，表达了好几层含义：那天是拉迪埃的生日，而且印度是他的出生地；而能在生日当天这个值得纪念的日子回到自己的出生地，完全得益于对方，因此，他感谢对方慷慨赐予的机会。这句话简明扼要、贴切自然，拉近了拉迪埃与拉尔少将的距离。拉迪埃的印度之行取得了成功，也就不足为奇。

寒暄在应酬中的作用是十分重要的，但并不是任意的寒暄都能起到这种作用。不恰当的寒暄很可能会弄巧成拙。

沟通技巧
GOU TONG JI QIAO

1 根据不同的应酬场合而定

庄重场合要注意分寸，一般场合则可以随便些。拜访他人时要表现出谦和，不妨说一句"打扰您了"。接待来访者时应表现出热情，不妨说一句"欢迎"。

2 根据寒暄的对象而定

在应酬场合，我们应该考虑到与人寒暄时的口吻、话题等。如果你是下属，那么，你就应该尽量体现你对对方的尊敬和仰慕；反过来，如果你是上司，那么，你最好能表现得平易近人一点。

3 寒暄语应带有友好之意、敬重之心

寒暄不容许怠慢、敷衍，也不可嘲弄他人。

锁定你的贵人，为你的前途铺路

人不可能脱离社会，而在社会上要想成功，很难离得开别人的帮助。人们经常说某人的成功是因为有贵人相助，其实每个人都有贵人，而所谓贵人，就在你的关系网中。这就需要我们在人际交往中锁定自己的贵人，积极主动且用点技巧，这样才能与贵人结交。

曾国藩是清末一代名将。

一天，闲来无事，他叫来幕僚们，一起谈论天下英雄豪杰。提到英雄，他说："彭玉麟与李鸿章均为大才，我自知不如他们，但我自认为值得骄傲的地方，就是我一生不喜欢阿谀奉承。"

一位幕僚逢迎说："你们三位各有所长，彭公威猛，人不敢欺；李公精敏，人不能欺。"说到这里，他忽然不知道该如何评价曾国藩了，只好语塞。曾国藩好奇之心上涌，便追问："那么我呢？"大家你看看我，我看看你，都找不到恰当的词语来赞美曾国藩，只能哑口无言。

恰在此时，一个聪明的幕僚站出来，说道："曾帅仁德，人不忍欺！"众人拍手叫好。

曾国藩十分得意，心中暗想："此人大才，不可埋没。"不久，曾国藩升任两江总督，那位机敏的下属担任了盐运使这个要职。

那位幕僚为什么能获得曾国藩的器重？因为他懂得见机行事，当大家都语塞、十分尴尬时，他却能把对曾国藩的恭维说得恰到好处，让曾国藩心花怒放，最终为自己的前途换来了机遇。

其实，生活中贵人无处不在，不管是你的亲戚、朋友，还是同事，甚至是萍水相逢的人，都有可能成为你的贵人，关键在于你要去结识他们，这样才能在需要的时候求助于他们，让他们助你一臂之力。然而，如何锁定我们的贵人呢？很简单，只要我们能掌握一些技巧，就能让我们的贵人乐于与我们结交。

沟通技巧
GOU TONG JI QIAO

1 扩大自己的交际圈子

结交贵人，你既要学会有的放矢，又要广撒大网，因为积累人脉的前提是认识更多的人。你应该积极参加交际活动，开拓新的社交圈子。

2 学会跟随"权贵"

精明的人在踏进某个人脉圈子的那一刻起，就有一份结交各类人士的计划，不管他们的计划如何，"权贵"是他们必交的人。"背靠大树好乘凉"是我们都懂的道理，赤手空拳、盲目前进很容易让你碰得头破血流。

3 有困难时不要羞于求助

人在世上，总有自己力所不能及的时候，你不可能万事不求人。在处于困境的时候，只要你把自己的困难坦诚地告诉别人，并诚心地向他人求助，被求助者一般不会袖手旁观。而从助人者的角度来讲，助人比获得别人的帮助更能获得满足感。

见机行事，及时消除应酬场上的不和谐因素

细心的你会发现，交际场合，那些能左右逢源、赢得他人好感的人往往都具有一项本领，那就是他们具有一双慧眼，懂得见机行事，总是能在第一时间察觉到交际场上的不和谐因素，并在三言两语间就加以化解。的确，可能我们都遇到过这样的场面：因为个别人的一句话或者某个行为，交际各方都停止交谈，谁也不肯打破沉寂，于是，场面逐渐冷下来。如果这种氛围不被解决，最终只会让交往各方不欢而散，而只要我们多想办法，给"肇事者"一个台阶，在窘境中及时调整思路，选择一个巧妙的角度，就能改变眼前的被动局面，想方设法争取主动。

　　一位女作家因写作太累，在开会时睡着了，没想到，她居然鼾声大起，引得参加会议的人哈哈大笑。她醒来发觉同事们在笑自己，觉得有点不好意思，但这时，她旁边的一位女士说："身为一个女人，你居然能打出这么有水平的'呼噜'！"

　　女作家知道这位女士是在帮自己解围，于是，她立即接茬说："这可是我的独门绝技，更高水平的技能还没有发挥。"女作家在大家的哄笑声中替自己解了围。

工作中，当我们的同事遇到尴尬的场景时，你不要抓住别人的把柄不放，不妨也给人一个台阶，就和那位女士一样，当作家出丑时，帮其化解危机，可以赢得别人的好感。中国人尤其好面子，会说话的人在说服别人的时候，懂得给人留面子，在必要的时刻给对方一个台阶下，免得人下不了台。

沟通技巧

1 承认错误，坦诚面对

我们在与人交往时难免会产生一些矛盾，但矛盾产生了，并不代表不能消除，只要我们善于处理。比如，有时，我们无心说的话伤害了对方，但只要你敢于承认自己的错误，向对方道歉，对方一般能够原谅。

而如果你伤害对方过重或触犯了原则，那么在道歉时，你就应该严肃点、郑重点。道歉的时候应保持仪态优雅，切莫过于谦卑，这反而会引起另一场尴尬风波，严重的还会使对方厌恶和唾弃。

2 主动背黑锅，转嫁矛盾

如果冷场是由其他人造成的，那么，他必定成为众人紧盯的对象，而此时你能主动站出来，为其背黑锅的话，对方一定会感激你。

3 幽默法

幽默失灵的时候并不多，用它圆场一般容易奏效。可以说，幽默是处理任何交际问题的通行证。一句幽默的语言能使双方在笑声中相互谅解。

提开放性问题，让交际更有谈资

我们都知道，交际中的沟通是相互的，我们有些人在沟通中如鱼得水，而有的人却经常被"冷落"，其中一个重要原因就是话不投机。那些善于交际的高手似乎总能营造出愉快的沟通氛围，而其实，这是因为他们善于通过提问来挖掘谈资，沟通双方一旦找到了沟通的兴趣所在，便会在一来二去之间增进彼此的感情。但事实上，只有开放性的问题才能让双方交谈的范围越来越广，双方才有更多谈资，也才能产生积极的沟通效果。

一名刚来到澳大利亚的中国留学生遇到了这样的一件事。

一天，他在街上闲逛，这时走过来一个金发小姐，问他："您是中国人？"

"嗯。"他下意识地回答了一声。

"那么，我能问您几个问题吗？"

"但是我并不擅长英语。"他打着手势，用不熟练的英语回答。

"请放心吧，只是四个问题。"金发小姐对他微笑了一下，然后问了一连串的问题："您是学生还是工作了？您最想做的事是什么？将来想从事什么工作？对未来有何打算？"

听到金发小姐这些问题，他所有的疑问都消除了，他心想，在这样陌生的一个城市中，竟然还有人关心他的工作、生活，甚至未来等，于是，他也很诚恳地回答了金发小姐的问题："我还是学生，但我同时也在打工，每天我都感到很压抑，我没有朋友，因此，我希望和别人交往。在未来嘛，我当然希望从事我喜欢的工作并取得一定的成就。"

"您渴望交朋友，渴望让自己的生活丰富起来，也渴望成功，那么，您可以选择一个平台去帮您实现，对于这一点，我就能帮助您。"

他感到十分惊奇，不知她会怎样帮助自己实现。于是，他在金发小姐的带领下，来到了她的办公室。接下来，金发小姐告诉他，她的工作是帮助那些有困难的人，根据他们的具体情况，为他们推荐他们需要的书籍，并且，这里的书籍还可以享受九折优惠。于是，这位留学生最后购买了金发小姐推荐的一本书。

在这个案例中，金发小姐成功推销出自己的书，就是因为她善于提问。

的确，开放性的问题因为具有很大的回答空间，所以能激发对方的谈话欲望，让对方自然而然地畅所欲言，从而帮助我们获得更多有效的信息。

沟通技巧
GOU TONG JI QIAO

当然，在提开放性问题的时候，我们需要注意以下几点。

1 以轻松的问题发问

以轻松的问题开头，最好不要涉及你的交际目的，这样能打消对方的戒心和顾虑，使对方乐于与你交谈。当对方显露出需求，你再主动出击，就能将问题转变得较明确。

2 避开别人的痛处

事实上，每个人都有自己的忌讳，人人也都讨厌别人提及自己的忌讳。我们在提开放性问题的时候，一定要把握分寸，不要伤害别人的自尊心。

参考文献

[1] 宿文渊 . 变通 [M]. 长春：吉林文史出版社，2019.

[2] 李安 . 这样说话最受欢迎 [M]. 北京：中国城市出版社，2010.

[3] 成正心 . 活学活用沟通心理学 [M]. 北京：电子工业出版社，2017.

[4] 张森中 . 分寸 [M]. 北京：光明日报出版社，2024.